**출산,
대중매체를
만나다**

iMH　경희대학교 인문학연구원
　　　HK+통합의료인문학연구단
　　　통합의료인문학문고 04

출산,
대중매체를
만나다

김현수
박윤재
신지혜
염원희
장수지

지음

모시는사람들

(서문)

  이 책은 시대와 장소를 달리하여 대중매체를 통해 그려진 출산문화를 다룬 다섯 편의 글을 싣고 있다. 가장 고전적인 대중매체인 신문과 잡지로부터 영상매체인 영화와 TV드라마에 이르기까지 어떠한 임신과 출산의 방법이 포착되었고, 해당 내용이 어떻게 표현되고 있는지 살펴봄으로써 각 시대와 사회별로 출산에 대한 가장 보편적인 시각을 이해하는 계기를 마련하고자 하였다. 출산을 바라보는 시각과 관념을 두루 살펴보고, 근현대 출산문화의 형성과 변화 그리고 그 이면을 들여다보는 시도라 할 수 있다.

  이 책에 실려있는 인쇄매체를 다룬 두 편의 글 중에서 박윤재의 「백 년 전 임산부들은 어떤 고민을 했을까」에서는 신문에 연재되었던 '허신의 「지상병원」 상담'을 통해 1930년대 출산 담론을 포착하고 있다. 서양의학이 보급되었지만 의료의 혜택은 여전히 제한적이었던 시대에 신문이라는 대중매체가 의료 상담처를 자처하였던 사실을 통해 출산문화가 변화하는 지점을 짚어내었다. 여성 질환을 내놓고 말하기 어려웠던 상황에서 익명의 독자가 전문 의료인을 통해 상담받을 수 있는 창구가 마련되었던 상당히 획기적인 사건을 다루고 있다.

이어지는 다음 글인 장수지의 「관습과 싸우는 새로운 출산법, 여성들의 선택」에서는 장소를 중국으로 옮겨 출산문화가 변화하는 지점을 다루었다. 1949년부터 현재까지 발간되고 있는 기관지인 『중국부녀』를 통해 출산을 둘러싼 1950년대 중국 사회의 변화를 살펴보았다. 영아사망율을 낮추기 위해 인식을 변화시키고 안전한 출산법을 보급하려 했던 중국 사회의 노력과 이후 중국 여성들의 삶의 변화를 확인할 수 있다.

영화에 등장하는 출산의 장면을 다룬 글인 신지혜의 「공공연한 비밀-〈바람과 함께 사라지다〉에 감춰진 임신과 출산의 그림자」에서는 1939년 개봉한 헐리우드 영화 〈바람과 함께 사라지다〉을 대상으로 당시 영상매체에서 출산과 임신의 장면을 검열하고 통제하였던 현실을 다루었다. 영화에서 여주인공들의 임신과 출산은 서사 전개상 매우 중요한 사건인데도 감춰지거나 소극적으로 그려졌던 사실을 통해 이 문제에 대한 사회적 인식의 척도를 확인할 수 있다. 같은 미국 영화지만 출산의 문제를 전면에 내세운 작품을 다룬 김현수의 「고통은 통증과 다르다-

〈그녀의 조각들〉의 가정분만 사건을 중심으로」에서는 2020년 개봉한 영화 〈그녀의 조각들〉에서 영상화한 사건들을 조목조목 따라간다. 이를 통해 과연 영화의 제목이 말하는 '조각'이란 어떤 의미인지 곱씹어나가면서, 한 여성이 온전성에 손상을 입는 과정에 주목함으로써 임신과 출산이 여성의 삶에서 갖는 영원히 변하지 않을 의미를 확인하고 있다.

마지막 글로 TV드라마에 형상화된 출산의 문제를 다룬 염원희의 「우리 모두를 위한 '원더 윅스(Wonder Weeks)'」에서는 최근 한국 사회의 변화된 출산문화의 모습을 다룬 두 작품을 살펴보았다. 2010년 〈산부인과〉와 2020년 〈산후조리원〉는 10년의 간극을 두고 있지만, 세계 최저 출생율이라는 우리의 현실을 배경으로 사회적 사건으로서의 출산의 의미와 인식 변화의 필요성을 다루고 있다. '원더 윅스'가 아이가 신체적·정신적으로 급성장하는 시기인 것처럼, 드라마를 시청하는 우리에게도 출산 문제를 성숙하게 바라볼 수 있는 '원더 윅스'가 필요하다.

이 책은 역사와 철학, 문학 전공자들이 자신들의 연구 관점을 바탕으로 대중매체에 형상화된 출산의 현상과 의미를 살펴보는 시도였다. 출산문화가 변화하는 사회적·역사적 상황과 이를 둘러싼 다양한 담론들이 과연 출산문화에 어떻게 작용할 것인지 고민하고, 앞으로 보다 나은 출산문화가 형성되는데 도움이 되길 바라는 마음이 투영되어 있다. 이러한 교양총서가 출간될 수 있었던 것은 경희대학교 HK+통합의료인문학연구단의 지원이 있어 가능했다. 현실적으로 출간이 이루어질 수 있도록 애써주신 도서출판 모시는사람들의 노고에도 감사드린다. 무엇보다 이 교양총서의 기획 의도에 공감하고 참여해주신 여러 집필자들께 다시 한번 감사의 마음을 전한다.

필자들을 대신하여 HK연구교수 염원희 씀

출산, 대중매체를 만나다

01

백 년 전 임산부들은
어떤 고민을 했을까?

- 허신의 「지상병원」 상담을 중심으로

박윤재(경희대 사학과 교수)

백 년 전으로 여행

사람들은 왜 역사에 관심을 가질까?

역사학 개론이나 입문 시간에 던질 법한 질문이다. 이미 여러 대답들이 준비되어 있는 질문이기도 하다. 그 대답 중 하나는 재미이다. 역사책을 읽으면 재미있다. 흥미롭다. 그렇다면 재미있고, 흥미로운 이유가 무엇일까. 그 대답 중 하나는 낯섦이다. 사람들은 낯선 것을 접했을 때 재미를 느낀다.

과거는 다른 나라이다. 역사책을 읽는 일은 낯선 나라를 여행하는 일과 같다. 설령 같은 공간일지라도 시간이 달라지면 그곳은 낯선 나라가 된다. 낯선 곳에서 낯선 사람들, 낯선 풍경들을 만나면서 재미를 느끼듯이 사람들은 과거에서 낯선 것을 접촉하고 경험하는 데서부터 유래하는 즐거움을 만난다.

이제 그 낯선 나라로 여행을 떠나려 한다. 백 년 전 한국이다. 그곳에서 만날 사람들은 여성, 그중에서 임산부이다. 인류의 탄생 이래 아이를 배고 낳고 기르는 일은 가장 중요한 일상이었다. 백 년 전 한국의 임산부도 마찬가지였다. 다만, 당시 임산부들은 지금보다 어려운 처지에 놓여 있었다.

가장 큰 문제로 전문가가 부족했다. 지금보다 의료인도, 병원도 적었다. '병원 한 번 가 보았으면 죽어도 원이 없겠다'는 말에 누구나 공감하던 시대였다. 교통도 불편했다. 지금처럼 한두 시간 만에 한국의 이쪽 끝에서 다른 쪽 끝에 도달할 수 있는 시대가 아니었다. 멀리 나가야 장이 열리는 읍내 정도였다. 진료와 관련하여 이른바 비과학적인 도움이 일상일 수밖에 없었다. 다른 도움에 대한 갈망은 당연했다.

1930년 유력한 일간지였던 《동아일보》는 새로운 기획을 하나 만들었다. '지상병원'이었다. 지상(紙上), 즉 신문에서 의료상담을 시작한 것이다. 의료인이 부족한 당대 상황을 고려한 기획이었다. 피상담자는 독자였다. 그들은 평소 가지고 있던 질환에 대한 고민을 신문사에 보냈다. 상담자는 의사였다. 외과, 소아과, 산부인과 의사 등 전문의들이 신문사에 온 질문을 선별해 답변을 주었다.

지상병원은 독자, 특히 여성들에게 반가운 공간이었음에 틀림없다. 병원과 교통 부족에 더해 두 가지 이유가 더 있었다. 우선 여성 질환은 부끄러운 병이었다. 남자 의사는 찾아갈 수 없었다. 자신의 신체, 그중에서 치부를 보여주어야 하기 때문이었다. 주변의 경험 많은 여성이나 민간요법을 찾는 이유였다. 하지만 결과는 장담할 수 없었다. 오히려 병이 심해져 악화된 이후에야 의사를 찾는 경우가 적지 않았다.

다음으로 의료 지식이 부족했다. 치료를 할 생각은커녕 자신이 병이 있는 줄도 모르는 경우도 있었다. 의료 지식이 부족하다 보니 지금의 시점으로 보면 아주 기초적인 상식을 지상병원을 통해 묻고 대답하는 경우가 있었다. 출산일을 묻는 경우가 대표적이었다. 예를 들면, 다음과 같은 질문이다. "여자는 임신하면 보통 며칠이면 분만하나요?" 임신 가능 날짜를 묻는 질문도 비슷했다. "난자는 월경 후 며칠에서 며칠까지 나옵니까?"

이 글에서 다루는 시기는 1930년에서 1931년 사이이다. 이 시기 동안 《동아일보》 '지상병원'은 산부인과 의사인 허신(許信)이 상담을 맡았다. 1924년 경성의학전문학교를 졸업한 허신은 상담 당시 경성제국대학병원 산부인과에서 근무하고 있었다. 많지 않은 산부인과 전문의였다. 이 글은 허신의 상담 내용을 통해 백 년 전 한국 여성들의 고민 속으로 들어가 보고자 한다. 여행을 시작해 보자.

경성의학전문학교 졸업 당시 허신(서울대병원 의학역사문화원 제공)

커다란 고민이었던 불임

지금도 그렇지만 불임은 당시에도 부부의 커다란 고민거리였
다. 아이를 원하는 부부에게 불임은 불행 그 자체였다. 허신은
경성제대병원 산부인과, 즉 자신의 근무지에 오는 여성들이 전
부 불임증으로 온다고 해도 과언은 아닐 것이라고 말했다.

불임은 부부 사이의 문제였지만, 부담은 여성에게 더 컸다.
지금부터 백 년 전이면, 결혼을 한 여성이 당연히 아이를, 이왕
이면 아들을 낳아야 한다는 부담감이 적지 않던 시절이었다. 한
여성은 자신의 마음을 다음과 같이 표현했다. "생산을 못하여

여자의 의무를 다하지 못함으로 매일 고통으로 지내고 있습니다." 허신도 동의했다. "자손을 얻지 못하는 부인은 얼마나 섭섭해 하시며 얼마나 많은 근심과 낙망을 가지게 되겠습니까?" 자식을 바라는 남편에게 미안하기가 짝이 없다고 표현하는 여성도 있었다. 그에게 남편 뒤에 있는 시댁 식구도 적지 않은 부담이었을 것이다.

여성들은 왜 임신이 되지 않는지 스스로 여러 원인을 찾기도 하였다. 한 여성은 생리 불순에 생리통, 대하증까지 있었다. 생리가 15일, 심하게는 1-2개월에 걸쳐 지속되는 경우도 있었다. 여성은 절박했다. "그리하여도 임신할 수가 있을까요?" 허신은 위와 같은 증상이 불임으로 이어지는 것은 아니지만 그럴 가능성도 있다고 답했다. 나아가 대하증이 심하면 치료를 받을 것을 권했다. 다만, 여성이 원했던 약은 없었다. "특효약은 없는 줄 압니다."

생리통이 심한 여성도 있었다. 임신을 못하는 이유가 거기 있지는 않은지 물었다. 허신은 생리가 정상적으로 진행되는 한 불임일 수는 없다고 대답했다. 의사의 진단을 받고 결과에 따라 치료를 받는 수밖에 없었다. 여성은 다소나마 안심을 했을 것이다.

결혼 후 4년 동안 아이가 생기지 않은 여성은 가슴이 커지는 것이 불임과 무슨 연관은 없는지 걱정했다. '지상병원'을 찾기 전에 병원을 방문해 검사를 받아보기도 하였다. 결과는 병이 아니라는 것이었다. 원인이 있었다면 오히려 쉽게 포기를 했겠지만, 그렇지 않다니 더 답답했을 것이다. 허신도 다른 의사와 같은 대답을 해줄 수밖에 없었다. "젖이 커지는 것이 임신과 관계가 있을 것은 못 됩니다." 나아가 다른 원인은 없는지 진찰을 권할 수밖에 없었다.

좀 더 심각한 질환도 있었다. 아버지가 폐결핵으로 돌아가신 여성은 걱정이 많았다. 폐결핵은 유전된다고 알고 있었기 때문이다. 잘못된 정보였다. 폐결핵은 감염되는 것이지 유전되는 것이 아니었다. 여성은 자신이 약혼을 했다고 밝히고, 임신을 하게 되면 폐결핵이 더 심해지지 않겠느냐고 걱정했다. 허신은 "유전성 폐결핵이라고 하는 것은 없다"고 대답했다. 잘못된 정보를 수정해 준 것이다. 하지만 혹시라도 폐결핵에 걸렸을 경우 "결혼하시지 않는 것이 좋습니다"라고 조언했다. 앞에서 이야기했듯이 여성은 약혼을 한 상황이었다. 결혼을 원한다면, 수술을 하라고 권했다.

자궁 위치의 이상을 뜻하는 자궁후굴은 여러 차례나 질문이

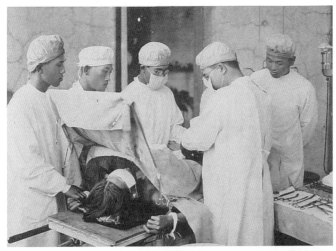

허신이 근무할 당시 경성제대 부속의원의 산부인과 수술

(서울대병원의학역사문화원 제공)

나왔다. 임신 여부와 관련되어서였다. "자궁후굴이라도 임신할 수 있습니까?" "수술을 하지 않고 약으로 자궁후굴을 치료할 수 있습니까?" "저절로 나을 수도 있습니까?" 허신의 대답은 여성들에게 가혹하게 들렸을지 모르지만 의사로서 답할 수 있는 최선이었을 것이다. 즉, 자궁후굴은 저절로 낫지 않을 뿐 아니라 약만으로도 치료할 수 없다는 것이었다. 나아가 임신을 할 수는 있으나 그 가능성이 아주 낮다고 대답해 주었다. 질문을 한 여성의 절망감이 작지 않았을 것이다.

허신은 불임의 원인을 여성에게서만 찾지 말라고 강조하였다. 당시 불임이면 원인이 여성 쪽에 있다고 생각하는 것이 보통이었다. 허신은 단호하게 이야기했다. "부인에게 병이 있음이라고만 생각하지 마시고 남편 되시는 분에게도 그 원인이 있을 것을 생각하여 보십시오." 그러면서 자신의 임상 경험을 이야기하기도 했다. 검사한 남성 4백 명 가운데 정자가 없는 사람이 30%나 되었다.

남성이 직접 질문을 한 경우도 있었다. 결혼한 지 만 3년이 된 남성은 걱정이 많았다. 자식이 없었기 때문이다. 병은 없는지 걱정도 되었다. 결혼한 지 1년이 지나도 자식이 없으면 병이 있는 것이라고 들었기 때문이다. 자신에게 문제는 없는지 물었다.

"남자의 정충이 죽어 있는 일도 있는지요?" 허신은 우선 안심을 시켰다. "결혼한 지 만 3년에 부인이 임신한 일이 없다고 반드시 부부간 어떤 편이 병이 있다고 할 수는 없습니다." 상당한 시간이 지난 후 임신하는 경우도 적지 않았다. 나아가 부부가 함께 진찰을 받아볼 필요가 있었다.

다산의 고난을 그칠 피임

불임만큼은 아니겠지만 피임도 고민거리였다. 피임을 문의하는 일반적인 이유는 다산이었다.

이미 5남매를 가진 상황에서 다시 아이를 임신한 여성이 피임에 대해 문의하였다. 상황 설명부터 시작했다. "청춘남녀로 교접을 아니할 수는 없습니다." 다만, 아이가 태어나는 것이 문제였다. "어찌하면 아이를 3년이나 5년 만에 생산할까요?" 구체적이면서 솔직한 질문이었다. 허신의 답은 간단했다. "어려운 일이올시다."

피임법을 구체적으로 알려달라고 묻는 여성이 있었다. 지면에 자세한 내용이 소개되지는 않았지만 당황스러운 질문이었던 모양이다. 허신은 "물으신 말씀이 대단히 '모던'합니다"라고 말하고는 절대적인 피임법은 없다고 답했다. 어디서 들었는지 모르겠지만 큰 병원의 간호사들이 피임을 위해 약을 복용하고 있다며, 그 약의 이름과 판매처를 알려달라는 질문도 있었다. 이번에도 허신은 직답을 피했다.

다른 질문과 마찬가지로 피임을 문의하는 독자도 여성이 많았다. 하지만 남성이 없었던 것은 아니다. 이미 아이가 4명인데 아내가 다시 임신을 했다는 남성은 피임법을 물었다. 얄궂은 것은 자신의 아내가 할 수 있는 방법을 물었다. "생산이 필요 없다는 생각이 절실"하다면서도 피임의 책임을 아내에게 넘기고 있었다.

그런 남성만 있었던 것은 아니다. 한 남성은 생활이 안정되기 전까지 피임을 원한다면서 콘돔이 안전한지 여부를 물었다. 지금보다 보수적이었던 시대 상황을 생각하면, 진보적인 남성이었다. 다만, 걱정이 있었다. 위생적으로나, 신체적으로나 문제는 없는지, 더 큰 걱정은 영구적 피임이 되는 것은 아닌지 하는 것이었다. 허신은 명료하게 답을 했다. "위생학상으로, 생리학상으로 해 될 것도 없고 영구적 피임도 안 될 것입니다."

상담 내용을 살펴보면 허신이 피임에 대해 자세한 이야기를 나누고 싶어 하지 않았다는 생각이 든다. 집안이 넉넉하다면 모르지만 그렇지 않다면 많은 아이들은 경제적 부담이 될 수밖에 없었다. 하지만 이 경우에도 허신은 "지면으로 피임법을 알려드리기 어려우며 간단하고 용이하게 되는 법은 없습니다"라고 답했다.

몸이 약하다며 피임법을 묻는 여성에 대해 법률을 핑계로 답변을 피하기도 하였다. "조선 법률로 보아서는 아직 피임법을 알려드리기는 어렵습니다." 허신은 피임법에 대해 공개적으로 말하기 어렵다고 답하기도 하였다. "지금 조선인의 형편으로 일반적으로 공개하기는 어렵습니다." 허신은 피임을 피하고 싶었던 것이 아닌가 짐작한다. 그 이유는 허신이 가진 생각에 있었을 것이다.

허신은 보수적인 사람이었다. 아니, 지금이라면 보수적이라고 평가할 수 있지만, 당시라면 일반 남성들의 상식이라고 할 법한 생각을 가지고 있었다. 예를 들면, 다음과 같은 생각이다. '여자들은 천분으로 생산하여야만 할 중임을 가졌다.' 허신은 여성의 임신이 하늘이 내린 의무라고 생각하고 있었다. 따라서 허신이 보기에 출산을 무서워하는 여성은 어리석은 자라고 할 수밖에 없었다. 이런 생각을 가진 허신이 피임법을 구체적으로 알려주기는 힘들었을 것이다.

피임에 실패했을 경우 선택지 중 하나는 낙태였을 것이다. 아이에게도 임부에게도 어려운 선택이었겠지만, 어쩔 수 없는 경우도 있었을 것이다. 하지만 짐작과 달리 지상병원에서 이루어진 낙태와 관련된 상담은 적다. 한 건 정도이다. 공개적인 지면에서 이루어지는 상담인 만큼 상담을 원하는 사람도, 대답을 주어야 하는 사람도 모두 부담스러웠기 때문이 아닌가 짐작한다. 던져진 질문은 말라리아 치료제인 퀴닌을 먹으면 낙태가 쉽다는데, 사실이냐고 묻는 것이었다. 허신은 낙태가 된다고 답했다. 다만, 단서가 붙었다. 퀴닌은 낙태를 목적으로는 복용하기에는 위험하다는 것이었다. 퀴닌은 "무서운 약"이었다.

궁금한 질문인 임신

임신을 했는지 여부를 최대한 빨리 아는 것은 아이를 바라는 여성의 중요 관심사였을 것이다. 그런 여성들에게 혼란을 일으키는 것이 생리였다. 당시는 월경이라는 용어가 익숙했다. 통상 임신을 하면 월경이 그치기에 관련 질문이 많았다. 예를 들면, 다음과 같은 질문이다. "음식을 먹으면 구역질이 나서 못 견디겠습니다. 지금까지 월경을 아니 하였습니다. 무슨 병으로 인해서 그러한지요? 또는 임신을 해서 그러한지요?" 허신은 규칙적으로 있던 월경이 갑자기 그치고 구역질이 나면 임신이라고 대답했다. "규칙적으로 있던 월경이 폐지되었으면 80-90%는 임신일 것입니다."

월경이 그쳐도 임신이 가능한지 여부를 묻는 질문도 적지 않았다. 월경이 없는 경우는 크게 두 가지였다. 첫째 난소 작용이 제대로 이루어지지 않는 경우였다. 자궁이 충분히 발달하지 않았기 때문이다. 심하게는 암으로 인해 난소가 파괴되었을 수도 있었다. 다음으로 유아에게 지나치게 오랫동안 젖을 먹여도 월경이 없을 수 있었다. 당시에는 젖을 너무 일찍 끊으면 아이가 추위를 탄다고 생각해서 상당한 기간 동안 수유하기도 했다.

지금으로 치면 어린 나이라고 할 수 있는 18세 여성이 결혼한 지 6개월이 되었다며, 월경이 없어도 임신할 수 있는지 문의했다. 허신은 할 수 있다고 대답했다. "월경 없는 부인도 임신하시는 분이 있습니다." 의학적 설명도 덧붙였다. 난소 작용 중 월경이 있게 만드는 작용과 배란을 하는 작용은 서로 다르다는 설명이었다.

허신이 생각할 때 월경은 여성에게 혼란을 일으키고 있었다. 출혈이 있다고 해서 모두 월경은 아니었다. 자궁경관 같은 곳의

점막 변화로도 출혈이 일어났다. 하지만 이 부분에 대한 지식과 정보가 많지 않은 여성들이 혼란을 일으키는 경우가 있었다. 혼란을 넘어 실수를 하는 경우도 있었다. 월경이 있으니 임신을 하지 않으리라 판단하고 성관계를 가지는 경우였다. "불행한 경우"였다.

월경 불순인데 임신이 가능할지 물어보는 여성도 있었다. 나이는 역시 18세였다. 하지만 당시는 부인이라는 용어가 어색하지 않은 나이였다. 허신은 안심을 시켰다. "월경 불순이라고 하는 것이 임신과는 큰 관계가 없습니다." 다만, 단순한 월경 불순인지 아니면 다른 질병인지 확인할 필요가 있었다. 허신은 권했다. "의사에게 상당한 진료를 받아 보시지요."

태아의 건강과 약

임신이 이루어지면 무엇보다 태아의 건강이 임부들의 관심사 중의 하나였다. 쉽게 생각할 수 있는 것은 약이었다. 자신뿐 아니라 태아를 건강하게 할 약이 무엇일지 궁금해 했다.

하지만 허신에게 이런 질문은 무의미했다. 모체의 영양을 충분하게 하는 것이 최선의 방법이었기 때문이다. 특별한 약은 없었다. "마음대로 좋아하는 것을 먹고, 복약 등은 될 수 있는 대로 안 하는 것이 좋습니다." 허신이 판단할 때, 임신을 했다고 해서 갑자기 색다른 음식을 먹는 것은 오히려 해로웠다. 임신을 하면 외부 자극에 대해 예민해지기 때문이었다. 식생활을 변경하면 소화불량이나 설사를 낳을 수 있고, 심하게는 유산에 이를 수 있다고 보았다.

주사를 찾는 임부도 있었다. 태아의 영양을 위해 칼슘 주사를 맞으면 어떨지 문의하는 질문이 있었다. 허신은 의미가 없다고 답변했다. 임신 중에 함부로 약을 먹는 경우도 있었다. 그 결과 세 번이나 유산을 한 경우도 있었다. 허신은 안타까워했다. 먹어야할 약, 먹지 말아야할 약을 일일이 알려주기는 힘들었기 때문이다. 만약 반드시 먹어야 할 약이 있다면 직접 의사를 방문해 문의하라고 조언했다.

구충제 복용 여부에 대한 문의도 있었다. 기생충 질환은 1980년대까지도 한국인이 자주 앓는 병이었다. 1960-70년대, 아니 1980년대까지 학교를 다닌 한국인들에게 구충제 복용은 일상적인 일이었다. 식민지 시기는 더 했다. 임부도 예외는 아니었다. 허신은 주의를 당부했다. 임신한 지 1-2개월 사이에 촌충이나 회충을 구제하는 약을 복용하면 유산할 염려가 있었다. 구충제 복용은 임신 4개월 이후로 미루어야 한다고 조언했다.

특이하게 술에 대해 묻는 임부가 있었다. 이 여성은 술을 전혀 마시지 않다가 임신을 하고나니 탁주가 무한히 먹고 싶었다. 입맛이 변한 것이다. 허신은 흔쾌하게 대답한다. "이로울 것은 없습니다만, 조금 잡수서도 무관합니다." 허신도 술을 좋아하지 않았을까 짐작한다.

임신이 주었던 여러 고통

평소에도 여성에게 변비는 고통이었다. 여기에 임신이 더해지면 그 빈도가 더 했다. 허신은 지나친 걱정을 경계했다. "임신을 하면 보통 변비증이 납니다." 임부 스스로 자가 치료를 하는 경우도 있었다. 글리세린을 복용하는 경우였다. 지금은 주로 관장용으로 쓰이지만 당시는 먹었던 모양이다. 허신은 반대하지 않았다. 다만, 너무 자주 복용하면 좋지 않다고 조언했다. 의사의 복약 지시를 따를 필요가 있었다.

임신 중 월경도 임부를 당황시키는 변화였다. 허신은 우선 임신 중에도 약간의 출혈이 있는 경우가 있다며 임부를 안정시켰다. 하지만 허신은 걱정했다. 통상적인 월경과 같은 양일 경우

위험할 수 있었다. 지면 관계상 쓰지는 않았겠지만, 평소 허신의 조언을 고려하면, 의사 진단을 권했을 것이다.

유산한 경험이 있는 임부가 복부가 항상 차고 종종 아랫배가 아프며 대하증도 있다고 문의를 했다. "이러한 증세가 태아에게 아무 해가 없을까요?" 여러 원인이 있을 수 있었다. 문의한 임부의 유산 경험과 연결되었을 수도 있고, 임신과 관련이 있을 수도 있었다. 허신은 명료한 답을 주기 어려웠다. "이런 것 저런 것 어떻든지 전문의의 진단을 받으시지요."

유산에 대한 걱정도 컸다. 어렵게 아이를 가진 경우 더 조심스러울 수밖에 없었다. 21살의 나이에 세 차례나 유산을 한 여성이 문의를 했다. 허신에게 도움을 주기 위해 자신의 증상을 적었다. "무엇보다 이상한 것은 처음 낙태 후부터 이따금 흰 이슬이 나옵니다." 좋지 않은 상황이었다. 허신은 흰 이슬, 즉 백대하는 자궁에 질병이 있기 때문이라며 자궁 내막이 좋지 않은 것 같다고 진단했다. 서둘러 치료를 받을 것을 권했다. 허신은 유산의 원인으로 성병을 의심하기도 했다. 만삭이 되어 유산이 되는 경우는 매독 때문인 경우가 많았다.

핏줄을 알고 싶은 갈망

지상병원의 상담 중에는 자신의 배우자를 의심하며 친자 관계 확인 방법을 문의하는 사례도 보인다. 상담자는 조심스럽게 물어본다. "부자 감정은 어떻게 합니까?" 질문이 짧다. 구구절절 사연을 적지 않았다. 허신 역시 답이 짧다. "부자 감정을 확실하게, 용이하게 하는 법은 없습니다." 다만, 혈액을 통해 아는 법은 있었다. 아이가 부모의 혈액형에 따라 결정된다는 점을 이야기한 것이다.

더 구체적으로 물어본 경우도 있었다. 혈액 검사 이야기가 다시 나온다. "자기의 자녀인지 알 수 없는 경우에는 유아와 혈액 검사를 하여 보면 확실히 알 수가 있을까요?" "확실히"라는 용어에서 질문자의 절박한 마음을 엿볼 수 있다. 질문자는 마음이 급하다. "사람마다 혈액이 모두 다른 것이 아니라 같은 사람도 많이 있는 까닭에 실제 아버지가 아니라도 부합되는 일이 있다 하던데 사실인지요?" 질문자는 마지막으로 한마디를 덧붙였다. "좌우간 확실한 부자 검사 방법을 회답해 주십시오." "좌우간"이라는 용어에서 역시 질문자의 절박한 마음을 엿볼 수 있다.

유전자에 대한 이해가 부족하던 시기였다. A, B, O로 나눠진 혈액형만으로 자신의 자식인지 여부를 확실하게 아는 것은 불가능했다. 허신도 그렇게 말할 수밖에 없었다. 혈액 검사만으로 친자식인지 아닌지 알 수 있는 "절대적으로 확정할 만한 방법은 아직 없습니다." 이 대답을 들은 질문자의 마음이 어땠을지 가늠이 되지 않는다.

부끄러운 질문이었던 성관계

임신을 한 상태에서 성관계를 가지는 것에 대해 질문한 경우도 있었다. 질문이 부끄러웠는지 '상통성(相通性)'이라는 모호한 용어를 썼다. 허신은 "상통성이라고 하는 말씀을 이해하기 어렵습니다"라고 운을 떼었다. 이어 "성교라고 하는 말씀이 아닌가 하고 답합니다"라고 하고는 임신 후 성관계는 좋지 않다고 대답했다.

하지만 허신은 이해가 넓은 의사였다. 성관계가 "참기 어려운 일"이라고 하면서 상식적인 차원에서 "너무 도를 지나치지 않을 만큼 주의하심이 좋을 것이올시다"라고 답했다. 예외가 있었다. 임신 8-9개월 이후는 확실히 태아와 임부에게 해로웠다. 출산에 가까워서 성관계를 가질 경우 출산 후 병이 생기는 경우가 있었다. 허신은 재차 강조했다. "생산시(時)가 가까워서는 절대로 좋지 못한 것을 특히 말씀드립니다." 허신은 성관계로 인한 감염이 아이에게 나쁜 영향을 주지 않을까 염려한 것으로 보인다.

월경 중 남녀관계에 대한 질문도 있었다. 통상 4-5일씩 계속되던 월경이 이틀 만에 중지되었다며 임신을 한 것인지 묻는 질문이었다. 물론 월경이 있을 때는 임신이 불가능했다. 허신은 다른 가능성을 제기했다. 월경 중에 관계를 가지면 좋지 못하다는 이야기를 들은 것이 일종의 정신적 압박으로 작용해서 월경 날짜가 단축되었을 가능성이었다. 허신은 상상력의 폭이 넓었다.

마침내 그러나 어려운 출산

무사히 임신 기간이 끝나간다면, 다음 고민은 출산이다. 허신은 출산에 대해 관심을 많이 쏟았다. 상담을 진행하는 사이 《동아일보》에 여섯 차례에 걸쳐 관련된 글을 썼다. '부인이 명심해두어야 할 해산할 때 주의할 점', '모체를 위험하게 하는 해산 때 출혈은 어찌할까' 등이 그것이다.

하지만 허신이 진행한 지상병원의 상담 비중을 살펴보면 임신이 많다. 출산 그 자체에 대한 질문은 많지 않다. 지상병원의 특성 때문이었을 것이다. 평소 묵혔던 고민을 털어 놓는 경우가 많았다는 점에서 급박한 출산에 연관된 질문은 드물 수밖에 없었을 것이다.

출산과 관련하여 임부들은 언제 아이가 나오는지 궁금해 했다. 허신은 아이를 가지기 전 달의 첫 날로부터 계산하는 법, 태아가 움직이기 시작한 날로부터 계산하는 법 등이 있으나 모두 정확하지는 않다고 말했다. 틀릴 경우 1개월가량 차이가 났다. 더 확실한 방법은 월경한 시기부터 임신한 날짜를 찾고, 그날부터 280일 후를 계산하는 것이었다. 하지만 역시 오차가 있다. 틀릴 경우 1주일 정도 차이가 났다. 제일 확실한 방법은 "확실히 임신되었으리라 생각하는 교접 날짜로부터 계산하는 법"이었다.

문제는 정상적인 출산이 어려운 경우였다. 여러 질환은 임부에게 출산을 공포의 대상으로 만들었다. 특히 가까운 곳에 의지할 의사가 없을 경우 공포의 정도는 더했다. 성기 쪽에 살덩이 같은 것이 있다며 질문한 경우가 그랬다. 임부는 "여기는 어려운 경우가 있어도 의사를 부를 수가 없습니다"라고 자신의 상황을 설명했다. 허신은 안심을 시켰다. 이미 아이를 낳아본 여성에게 그런 경우가 있다는 것이었다. 물론 어느 정도인지 정확히 모른 상태에서 확답을 주기는 어려웠다. 하지만 대개는 문제가 없다고 답했다. 임부가 얼마나 안심을 했을지 짐작이 간다.

　대하증에 걸린 임부도 걱정이 많았다. 임신한 지 7개월 정도 되었는데 계속 냉이 흘렀다. 임부는 물었다. "태아에게 아무 관계가 없는지요?" 허신은 임신을 하면 그런 경우가 있다며 성급하게 치료를 하지 말라고 조언했다. 평소 약간씩 흐르던 냉이 임신하면 많아지기 때문이었다. 치료를 하다가 오히려 문제가 생기는 경우가 있었다.

　심각한 경우도 있었다. 24세의 여성으로 첫째 아이를 낳고 난 소낭종 진단을 받았다. 하지만 수술을 하려니 겁이 나고 경제적으로 넉넉하지도 않았다. 그렇게 시간을 보내다가 임신이 되었다. 임부는 불편함을 호소했다. 하복부가 거북하고 오래 앉아 있으면 넓적다리가 눌려 힘들었다. 하지만 남편은 아내의 고통보다 아이가 중요했던 모양이다. 수술은 아이를 낳은 이후로 미루자고 했다. 남편이 원망스럽기도 했을 것이다.

　허신은 수술이 가능하다고 하면서도 권하지 않았다. 7개월 만에 태어난 아이는 생존할 수 없기 때문이었다. 지금과 달리 인큐베이터를 쉽게 사용할 수 있던 시대가 아니었다. 나아가 그대로 두어도 순산을 하는 경우가 있었다. 하지만 확언하기 힘들었다. 전문가의 도움을 받아야 했다. "낭종의 종류, 크기, 위치에 따라서 다르니 전문 의사에게 진찰을 받고 잘 상의하시지요."

출산 후 남는 여전한 고통

아이를 낳았다고 고민이 없어지는 것은 아니었다. 후유증이 있었다. 한 여성은 해산 후 허리가 아프기 시작하여 이미 16년이 되었다. 고통은 겨울이 되면 더 심했다. 여성은 물었다. "무슨 약이 유효합니까?" 허신의 대답은 간단했다. "진찰을 받으시오."

출산 후 아랫배가 차다며 어떻게 하면 좋을지 문의한 여성이 있었다. 이런 경우 당시에는 통상 인삼을 복용했던 모양이다. 하지만 이 여성은 경제적 여유가 없었고, 나아가 젖이 적어진다는 소문도 들어서 걱정이었다. 허신은 실용적인 대안을 제시했다. 약을 살 수 없을 정도로 가난하다면, 따뜻한 난로 같은 것을 품으라고 조언했다.

당시 시대 상황을 반영하듯 과도한 노동과 관련된 질문도 있었다. 질문을 한 여성은 임신 9개월임에도 불구하고 가정형편으로 인해 혹한에 강가로 나가 세탁을 이틀간 하였다. 그렇게 일을 하고 나니 배가 당기고 몸을 움직이기 힘들었다. 여성의 고민은 출산 후에도 이런 고통이 이어질지 여부였다. 다행히 허신의 답변은 여성의 걱정을 덜어주는 것이었다. "생산 후 그로 인한 고장은 없을 것입니다."

간단한 질문도 있었다. 어느 독자는 외국인이 산후에 미역국을 먹지 않는 것 같다며 대신 무엇이 좋은지 질문을 했다. 직업이나 생활 공간 때문에 외국인을 자주 만나는 모양이었다. 노골적이지는 않지만 외국에 대한 일종의 선망, 아니면 전통문화에 대한 경계도 있는 듯하다. 미역국을 대신할 음식을 찾고 있기 때문이다. 허신은 생각이 달랐다. "좋은 습관을 고칠 필요는 없습니다." 다만, 건더기보다는 국물을 주로 먹을 것을 권했다.

심각한 경우도 적지 않았다. 유산 후 3개월이 지나서도 냉 같은 것이 계속 나온 경우였다. 상담자는 이전에는 대하증 같은 것이 없었다고 덧붙였다. 허신은 서둘러 전문의 진료를 받으라고 권했다. 유산 후 자궁에 병이 생긴 것 같다고 보았기 때문이다.

정상적인 출산 후에도 냉이 흐르는 경우가 있었다. 허신은 자궁이 정상적으로 수축되지 않아 그렇다고 판단했다. 문제는 그대로 놓아두면 악화가 될 수 있다는 데 있었다. 허신은 치료받기를 권했다. "속히 치료를 받으시지요." 극단적인 예도 덧붙였다. 태반의 일부분이 남아 악성맥락막상피종(惡性脈絡膜上皮腫)을 일으키는 경우도 있다는 것이었다. 생명을 잃을 수도 있는 무서운 병이었다.

지금은 사라진 성병

지금은 예를 찾아보기 힘들지만, 지금으로부터 백 년 전 임산부들의 고민 중 하나는 성병이었다. 매독, 임질에 대한 고민이 적지 않았다.

성병은 임신 이전부터 문제였다. 여성을 불임에 이르게 할 수 있었기 때문이다. 자궁과 난소를 연결하는 나팔관에 구멍이 생기는 경우가 있었다. 이렇게 되면 난자가 자궁에 도달할 수 없었다. 불임이 되는 것이었다. 임질은 그 원인, 그중에서 가장 강력한 원인이었다.

당연히 성병은 남성에게도 문제를 일으켰다. 38세의 남성인데 아이가 없었다. 의사의 진단을 받아본 결과 자신에게 문제가 있음이 밝혀졌다. 정자가 없었다. 19세 때 얻은 임질 때문이었다. 남성은 "의약의 방도를 교시해주소서"라고 요청했다. 허신은 답을 가지고 있지 않았다. "고치는 방도가 없을 듯합니다."

사연은 정확히 알 수 없지만 살바르산 주사를 맞고 있는 임부가 상담을 청했다. 살바르산은 매독 치료제였다. 임부는 태아에게 영향이 없을지 걱정했다. 허신은 필요하다면 맞을 수밖에 없다고 답을 했다. 만약 그대로 방치할 경우 유산이 될 수 있었기 때문이다.

매독은 태독도 낳았다. 4명의 아이를 출산한 여성은 모든 아이가 태독이 있다며 근본적인 치료약을 원했다. 병원에서 처방한 약은 이미 많이 써 보았다고 덧붙였다. 허신은 부모 모두의 혈액 검사를 권했다. 매독이 있는지 확인하기 위해서였다. 아니라면 피부병이었다. 후자라면 다행한 일이었을 것이다.

성병은 출산도 어렵게 만들었다. 남편에게서 임질이 옮은 여성은 이미 사산을 한 경험이 있다며 지금 가진 아이에게는 문제가 없을지 걱정했다. 허신은 임질이 심할 경우 유산하는 경우도 있지만 드물다고 임부를 달랬다. 다만, 출산을 할 때 의사나 산파의 도움을 받을 것을 권했다. 잘못하면 아이의 눈에 감염이 일어나 실명할 위험이 있었기 때문이다. 산후도 문제였다. 다른 질병이 생길 가능성이 있었다. 허신은 단호히 권고했다. "의사에게 진찰을 받도록 하시오."

백 년을 넘어 이어지는 고민

지상병원의 상담 내용은 다양했다. 불임이나 피임부터 시작하여 성병까지 많은 분야를 포괄했다. 주요 상담 대상은 일반적으로 임신과 출산이었다. 부인과 관련 질환, 예를 들면, 대하증과 같은 질환에 대한 상담도 있었지만, 적었다. 당시 여성들에게 부인병은 임신이나 출산보다 덜 중요한 일이었는지 모른다. 질문을 받은 허신은 잘못된 상식을 고쳐주기도 하고, 특정한 질병이나 증상의 경우 특효약이나 치료법이 없음을 솔직히 고백하기도 했다. 전문의의 진료를 받으라고 권하는 경우도 있었지만, 독자가 보낸 정보에 기초해서 가능한 범위 내에서 상담을 해주었다.

임신이나 출산, 자신의 몸에 대한 정확한 정보를 얻기 힘든 상황에서 '지상병원'은 독자들이 기댈 수 있는 든든한 언덕 중 하나였을 것이다. 걱정할 문제가 아니라는 허신의 답변에 안도하는 독자들도 많았을 것이다. 물론 글을 아는 독자에 한정될 수밖에 없는 한계는 있었을 것이다. 하지만 그렇게 제한할 필요는 없다. 문자를 해독할 수 있는 주위 사람의 도움을 받는 것도 가능했을 것이기 때문이다. 《동아일보》의 지상병원은 폐간이 되는 1940년까지 이어진다. 인기가 많았던 것이다.

그러나 허신은 지상병원 상담을 시작한 지 1년 만에 그만둔다. 한국 여성들에게 임신과 출산에 대한 정보를 제공하겠다는 처음의 의욕을 생각하면 짧은 기간만 담당한 셈이다. 지상병원을 처음 담당할 때 그는 의욕에 차 있었다. "많은 희망을 가지고 귀한 지면을 빌려 겨를이 있는 대로 산부인과에 대한 말씀을 게재하려 한다"고 말했다. 《동아일보》 독자들에게 "의문점이 있으면 얼마든지 질문을 해도 괴롭다 하지 않고 아는 대로 대답"하려 한다고 약속한 바 있었다. 열정을 보인 그였기에 1년만의 중단은 의외의 선택이라고 평가할 수 있다.

중단 이유를 단정할 수는 없지만 짐작은 해볼 수 있다. 상담이 시작된 지 1년이 넘어가면서 질문에 대한 허신의 대답은 소략해진다. 그는 직접 진료 없이 알려주는 증상만으로 답변을 하는 데 한계를 느끼고 있었을지 모른다. 의사로서 직접 진찰을 해야 원인을 알 수 있었다. 하지만 신문은 그런 공간이 아니었다. 허신은 답답함을 느꼈을 것이다. 유산이 자주 된다며 답답해하는 임부에게 제1차 유산은 몇 개월 만에 되었으며 제2차, 제3차는 몇 개월 만에 되었는지 알고 싶다는 허신의 대답에서 그런 답답함을 느낄 수 있다. 허신은 차라리 진료에 더 집중하는 편을 선택했을지 모른다.

나아가 여성과 아이의 건강을 위해서는 임신과 출산에 대한 전반적인 관리가 필요했다. 허신은 말했다. "임신한 것 같으면 반드시 처음 시작할 때부터 진찰을 받으셔야 합니다." 문제는 현실이 그런 당위를 뒷받침해 주지 못하고 있다는 것이었다. 변화가 필요했다.

머리말에 썼듯이 당시는 병원도 의료인도 절대적으로 부족했다. 결국 산부인과 의사가 필요했다. 허신은 여러 차례 반복해서 이야기했다. "원인 찾는 것과 치료하는 법에 대해서는 신뢰할 만한 전문의에게 맡기시는 것이 최량한 방법일 것입니다." 결국 임신과 출산 문제를 해결하기 위해서는 그들을 직접 진료할 산부인과 의사의 증가가 불가피했다.

백 년이 지난 지금 당시와 비교할 수 없을 정도로 의료인과 병원이 늘었다. 건강보험이라는 사회안전망도 있다. 여러 의사를 찾아 돌아다니는 의료 쇼핑이라는 용어가 있을 정도이다. 하지만 산부인과의 경우는 다르다. 전공자가 적어지고 있고 전문병원도 사라지고 있다. 원정 출산은 외국으로 떠나는 경우만을 이르지 않는다. 다른 지역으로 가야 출산을 할 수 있는 경우가 생기고 있다. 허신의 고민은 다른 방식으로 현재에도 이어지고 있다.

02

관습과 싸우는 새로운 출산법, 여성들의 선택

- 1950년대 『중국부녀』 잡지로부터

장수지(이화여자대학교 사학과 BK연구교수)

산모가 배가 부른 것은 보았지 아이가 크는 것은 못 보았다

"여자가 아이를 낳는 것은 한 다리는 이승에, 한 다리는 저승에 걸쳐놓는 것과 다름없다." "아이를 낳는 것과 염라대왕을 만나는 것은 종이 한 장 차이." 이 말은 한국에도 몇몇 TV 채널에서 방영된 중국 드라마, 〈녹비홍수(綠肥紅瘦, 원제 "知否知否应是绿肥红瘦", 2018)〉에서 출산 장면마다 나오는 대사이다. 출산이 여성들의 일이면서도 생명을 위협할 정도로 위험한 일임을 이 드라마는 잘 보여준다. 첫 화부터 주인공의 어머니는 난산으로 세상을 떠나고, 등장인물들은 누군가를 제거하고 싶을 때 그 사람이 출산을 하다 죽게 만드는 음모를 꾸미곤 한다. 이 드라마는 비록 중국 송대(宋代)를 배경으로 하고 있지만 그로부터 1000년이 지나도록 여성들의 출산이 생명을 걸어야 할 일이라는 것은 변하지 않았다.

1950년대까지 중국의 많은 지방에서 출산과 젖먹이 양육의 어려움을 표현하는 비슷한 말들이 있었으니, "산모가 배가 부른 것은 보았지 아이가 크는 것은 못 보았다." "시집가는 것은 봤어도 아이를 낳는 것은 보지 못한다." "여자가 임신한 것은 보지만 아기가 걷는 것은 보지 못한다." "한 집 가득 낳고 산더미처럼 묻는다." "어머니가 임신한 것만 보았지 장성하는 것은 보지 못한다."와 같은 말이었다. 아이를 낳았어도 곧바로 파상풍 감염, 전염병 등으로 세상을 떠난 아이들이 많았기 때문에 아이가 장성하는 것을 보는 것이 쉽지 않았던 것이다. 출산 과정에서 위생상의 문제와 여러 가지 의료상의 문제로 아이가 사망하는 것만큼이나 산모들이 사망하거나 후유증으로 고통을 겪는 일도 허다하였다.

그 어려움에도 불구하고 중국의 전통적인 관념에서 아이를 낳는 것은 효도를 위해서 반드시 해야 하는 일이었다. 나이가 든 부모님을 봉양하고 조상의 제사를 지내며 대를 잇는 것이 바로 혼인의 목적이었고, 혼인을 하면 아들을 낳아야 하는 것이 과거 중국 여성들에게 강요된 임무였다.

최근까지 중국은 '한 자녀 정책'으로 알려진 강제적 산아제한 정책을 펼쳐 왔다(2014년 이후 지역별로 점차 완화 혹은 폐지). 이 정책으로 여성들이 본인의 의사와 관계없이 한 명의 자녀만 낳게 된 것은 1980년대 이후의 이야기이고, 1950년대는 한국에서도 그랬듯이 여성 한 명이 평생 낳는 자녀가 평균 6-7명이었다. 중화인민공화국이라는 새로운 국가가 건립된 초기 중국은 많이 낳고 많이 죽는, 바로 '다산다사(多産多死)'의 상태에 있었다. 중국은 다산다사 사회에서 다산소사(多産少死) 사회로 가기 위해 사망률을 낮출 수 있는 방법에 고심했고, 그중 한 가지 방안이 영아사망률을 낮추는 것이었다.

1950년대 초반 산모와 영아의 건강을 위한 활동 시작

영아사망률을 낮추기 위해 우선적으로 변해야 하는 것이 불결하고 각종 미신적인 관습에 싸여 있는 출산 관습을 위생적이고 산모와 아이의 건강을 지킬 수 있는 방법으로 바꾸는 것이었다. 이러한 관습의 개선을 위해서는 여성과 아동을 경시하고, 출산을 불결한 것으로 여기며, 출산 과정의 위험을 운명에만 맡기는 태도 등 기존의 모든 사고방식을 바꾸어야만 했다. 출산 시의 아이를 받는 과정에서 세균의 감염을 방지하기 위해 위생을 중시하는 새로운 조산법(중국어로 新接生法)을 보급하기 위해 1950년대 초반 중국 정부는 다양한 활동을 펼쳤다. 각지에 오로지 여성과 영아의 건강 보장만을 위한 의료기구, 즉 부영보건원(婦嬰保健院)을 세우고, 원래 조산 활동을 하던 구식 산파들에게 소독법을 가르치고, 근대적 의학 지식을 갖춘 신식 산파와 보건 인력들을 교육·양성했다.

　국가에서 추진한 이러한 활동에서 주축이 되었던 것은 전국적 여성운동 단체인 중화전국부녀연합회(中華全國婦女聯合會, 이하 약칭 '부련')였다. 당의 지도를 받는 여성운동 단체로서, 전국 각지에 부녀 대표들을 통해 연결되어 있던 부련은 여성들에게 가장 절실한 과제 중 하나가 출산시의 고통을 경감하는 것이라고 파악했다. 각지 부녀 대표들은 스스로 새로운 조산법을 교육받아서 보건 위생 업무를 펼치기도 하고, 각 지역의 출산 현황과 영아·산모의 발병 사례 및 사망률 통계 작성, 신식 산파 훈련, 작은 마을이나 가정별 방문, 신식 조산법에 대한 선전·홍보 등 다양한 활동을 펼쳤다. 임신 기간 동안 산전검사의 필요성을 알리고 무료로 산전검사를 시행하여 난산을 사전에 예방하기도 하였다. 또한 영아들을 대상으로 한 결핵 예방접종, 우두 접종도 행해졌다.

　근대적 의학 지식이 널리 퍼지지 않았던 시기이고, 여성의 몸에 대해 공개적으로 말하는 것도 부끄러운 일로 여겨지던 사회

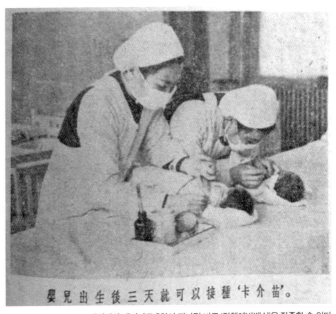

嬰兒出生後三天就可以接種'卡介苗'。

"영아가 태어나고 3일이 지나면 바로 '결핵예방백신'을 접종할 수 있다
(『중국부녀』 1953년 10호)"

적 분위기에서 새로운 출산 방법을 교육하고 전파하는 것은 쉬운 일이 아니었다. 특히 병원을 접하기 어려운 농촌에서는 과거의 관습대로 출산을 하고, 정부와 여성단체에서는 생소한 의료 지식과 새로운 조산법을 적극 전파하는 커다란 격차가 존재하던 시기가 바로 1950년대였다. 몸을 누군가에게 보이는 것도, 몸을 바늘로 찌르는 것도 모두 이상하고 나쁜 일이라고 생각하는 사람들이 대다수였기 때문에 산전검사나 예방접종 등 오늘날에는 평범한 일도 당시에는 거부감을 불러일으키곤 했다.

이런 어려움 속에서도 신식 조산법을 반드시 널리 알려야겠다고 생각했던 당시 보건 담당자, 여성 활동가 등 많은 사람들의 진지하고도 꾸준한 노력을 통해 서서히 변화가 생겨났다. 사람의 명은 하늘에 달린 것이라서 출산 시에 일어나는 사고는 어쩔 수 없다고 하는 지배적인 인식이, 새로운 방법을 통해 산모와 아이의 건강을 보장할 수 있다는 것으로 바뀌기 시작했다. 1950년대의 이러한 경험과 변화를 읽기 위해 매달 간행된 『중국부녀(中國婦女)』(1955년까지 제호는 『신중국부녀(新中國婦女)』, 1956년 이후 현재까지 『중국부녀(中國婦女)』) 잡지를 읽어 보고자 한다.

『중국부녀』 잡지는 1949년 첫 발간 이후 현재까지도 매달 계속 발간되고 있는 부련의 기관지이다. 1950년대의 중국 여성운

『중국부녀(中國婦女)』 표지(1953년판)

동과 사회상을 담은 자료로도 읽을 수 있다. 신식 조산법에 대한 소개도 담겨 있고, 각지에서 발로 뛴 부녀 간부와 신식 보건 인력의 경험을 남긴 글, 부련 지도자들의 사업에 대한 반성과 향후 전망과 목표, 의사들의 의학 상식 소개와 독자들의 편지까지 다양한 목소리들을 읽어볼 수 있다.

1950년대 초반 『중국부녀』에서 임신과 출산을 하는 여성은 처음에는 선전과 교육의 대상으로 등장하지만, 점차 스스로 임신을 조절할 수 있음을 알고 자신의 몸과 삶에 대해 주체적인 결정을 요구하는 주체로서의 모습도 나타내기 시작한다. 이러한 자각과 사회의 보편적 관습 및 의식의 차이는 갈등과 긴장을 빚어내기도 하였다. 그 구체적 모습을 시기의 흐름에 따라 살펴보자.

출산에 대해 입에 올리는 것도 부끄러웠던 시대

중국도 조선과 마찬가지로 남존여비, 중국식 표현으로는 남자는 중하게 여기고 여자는 가볍게 여기는[重南輕女] 사상이 오랫동안 지배적인 사회 인식으로 작동하고 있었다. 여성들이 집안의 어른과 남성들에게는 귀하고 좋은 재료로 맛있는 음식을 만들어 주어도 본인은 열악한 음식을 먹고 지내는 일이 허다했으니, 임신과 출산 시에 특별한 보호를 받는 것도 흔한 일이 아니었다. 질병을 앓을 때나 임신, 출산 시기에 귀한 사대부 신분의 여성이 아니라면 의사의 도움을 받는 것은 불가능한 일이나 마찬가지였다. 의사 대신 여성들의 임신과 출산에 도움을 준 여성들은 '삼고육파(三姑六婆)'라고 불리던 여성 종교인, 의료인, 중매인 등의 부류에 속하는 사람들이었다. 이 중에 산파(産婆)가 있었고, 이들은 사회적으로 천시를 받았다. 자녀를 많이 낳고 세대를 이어가는 것을 효를 실천하는 데 있어서 가장 중요한 일로 여겼던 사회에서, 필수적인 도움을 주었던 사람들과 출산 자체에 대해서는 존중하지 않거나 대수롭지 않게 여겼던 것이 오늘날의 시각에서 보면 모순적으로 느껴진다. 그러나 한편으로는 가난한 농민이 절대다수였던 중국 사회였기 때문에, 그러한 평범한 가정에서 자식을 낳는 일이 오로지 기쁘고 효성스러운 일이라고만 여겨지지 않았을 것으로 추측해볼 수도 있을 것이다.

1950년대 새로운 조산법을 교육받은 사람들은 대부분 젊은 여성 간부들이었다. 이 여성들 중에는 혁명과 국가 건설, 정치와 전쟁 등의 문제에 비하면 여성의 신체, 출산 등에 대해서 공부하고 그것과 관련된 활동을 하는 것이 보잘 것 없는 일이라고 여기는 태도를 보이는 사람도 있었다. 여성 스스로가 그렇게 생각했으니 남성들은 어떻게 생각했을지 상상할 수 있다. 오늘날 한국에서 월경에 대해서 이야기하거나 생리대를 보이는 것이 부끄러운 일로 여겨지고, 이러한 인식에 대해 문제 제기하기 시작한 지 얼마 되지 않았듯이, 당시 중국에서는 생식에 관한 이야기를 하는 것이 터부시되었다. '삼고육파'가 사회적으로 천대받았듯이, 새로운 조산법을 훈련받고 마을 여기저기로 선전을 다니던 젊은 여성 간부들을 처음에는 사람들이 뒤에서 흉을 보고, 나쁜 소문을 지어내는 등의 일들이 있었다. 『중국부녀』에 보건원(保健員)으로 일한 사람들이 보내온 편지나 그들에 관한 기록에 보면 출산에 대해 말하는 것은 더러운 일, 아랫도리와 관련된 말을 하는 것은 부끄러운 일이라는 인식이 팽배했다는 것을 알 수 있다. 부련 내에서 새로운 조산법의 교육·훈련을 할 때에도 어떤 여성 간부는 그림 설명이 되어 있는 괘도를 똑바로 보지 않고 고개를 돌리는 경우도 있었다고 한다. 또한 한 간부의 여동생은 "사람들마다 다 언니를 욕해. 할 일 없으면 아랫목에 누워나 있지."라며 부끄러워했다는 이야기도 있다.

　여성이 천대받던 분위기에서 출산에 도움을 받는 것도, 적절한 산후조리도 기대하기 힘든 것이었다. 많은 지역에서 출산 후 한 달 정도 산모는 묽은 흰죽만 먹기도 했다. 그뿐만 아니라 산모를 만나고 진찰하는 것도 가족들의 허락을 받아야만 할 수 있는 것이었다. 따라서 당시 농촌에서는 여성들이 아이를 낳을 때 누군가의 도움을 받기보다는 혼자서 낳고 아이를 받는 경우가 가장 많았다. 기껏해야 가족 내 여성 어른이나 남편의 도움을 받는 정도였다. 여성의 몸에서 일어나는 일에 누군가의 도움을 요청하는 것조차 과분한 일이었던 것이다. 펄 벅(Pearl S. Buck) 의 『대지』에서 주인공 왕룽의 아내 오란이 혼자서 아이를 낳았던 것은 특별한 사례가 아니었고, 1950년대까지도 지속된 관습이었다. 당시 흔히 통용되던 "아이를 낳는 것은 닭이 달걀을 낳는 것과 같다"는 표현에서도, 아이를 낳는 것이 대수롭지 않은 일이라는 인식을 찾아볼 수 있다. 게다가 아들을 낳지 못하면 여성이 전생에 덕을 쌓지 않아서 그런 것이라고 비난하기도 하였다. 여성들의 낮은 권리와 지위가 여성의 건강을 저해하는 원인이 되었음을 알 수 있다.

　게다가 의무교육 제도가 막 생겨나기 시작하던 때라, 여성들은 더욱 교육 수준도 낮고, 성 관련 지식을 들을 수 있는 곳도 없었기 때문에 월경을 왜 하는지, 자신의 몸에서 생식기관이 어디

있는지도 모르는 여성들이 많았다.(오늘날에도 교육을 받지 못한 지역 출신 여성들 중에 이러한 사례들이 있다.) 그래서 요도와 질을 구분하지 못하는 사례도 허다했다고 당시 한 산부인과 의사가 『중국부녀』에 기고한 바도 있다.

물론 여성들이 본인의 몸에 대해 무지했듯이 대체로 모든 사람들이 출산에 대해 근대적인 지식이 없었기 때문에 관습에 의지하고, 주변인들이나 산파들의 경험을 출산에 적용하여 안전한 출산을 위한 나름의 방법을 찾곤 했다. 그러나 그 방법이 늘 맞는 것은 아니어서 산모에게 고통을 배가시키는 경우도 있었다.

산욕열과 파상풍, 난산의 이미지

당시 신생아 파상풍과 산모가 산욕열을 앓는 것은 흔한 일이었고, 특히 신생아 사망의 가장 주된 원인은 파상풍이었다. 소독되지 않은 가위, 씻지 않은 손, 사용하는 천과 끈 등의 불결한 상태 등이 모두 파상풍과 산욕열의 원인이 되었다. 때로는 가위나 칼도 없어서 대나무로 만든 칼이나 깨진 도자기 조각 등으로 탯줄을 자르기도 했다고 한다. 또한 출산을 하여 아이를 받아내는 곳도 볏짚 같으면 다행이고, 흙바닥으로 아이가 떨어지는 경우도 허다했다고 한다. 1954년 쓰촨(四川) 지역의 조사보고에 따르면 과거 신생아 사망률이 11%에 이르렀고 그 원인의 대부분이 파상풍이었다. 소독을 중시하는 새로운 조산법이 보급된 이후 그 비율이 0.11%까지 줄어들었다. 그런데 과거 조산법은 탯줄을 자르는 것뿐 아니라 그 이전에 태아가 나오게 하는 과정에서도 산모의 고통이 컸다.

1951년 『중국부녀』에 도착한 한 편지에는 구식 조산법으로 피해를 입은 사례도 볼 수 있다. 아이가 오래 나오지 않자 산모에게 생약을 먹이고, 뜨거운 물을 부은 변기 위에 앉아 있게 하는 등 방법을 썼지만 효과가 없었고, 아이가 손부터 나오자 어머니를 살리려면 아이의 생명은 보장할 수 없다며 칼로 아이의 손을 절단하였다. 그러고 나서 자기 손으로 억지로 아이를 끄집어냈는데, 출혈이 너무 많은 나머지 산모는 기절했고 결국 다음 날 세상을 떠나고 말았다. 이러한 사례는 극단적인 것으로 볼 수 있겠지만, 이런 산파의 도움도 받지 못하는 사람들도 무수히 많았던 것이다.

『중국부녀』에 1953년에 실린 한 보고문학(報告文學)은 과거 출산 관습의 한 사례를 실감나게 묘사하고 있다. 이 이야기의 두 명의 주인공인 의사와 간호사는 윈난(云南)의 소수민족들이 많은 지역으로 가서 새로운 조산법을 전파하고 있었다. 하루는 한밤중에 이웃 다른 소수민족 마을에서 급히 의사를 찾자 횃불에 의지해 풀숲 길을 헤쳐 가며 길에서 사정을 듣는다.

  산모는 40여 세로 이미 열세 번 임신을 했는데 한 명도 살아 남지 못했다. 그녀는 이씨 아저씨의 부인이다. 집안이 가난해서 이씨 아저씨는 땔감을 팔러 먼 곳에 갔다. 태아가 3일 밤낮 나오지 않고 있고, 친지나 이웃의 경험 많은 노인들도 조상 전래의 모든 방법을 사용해봤다. 끈으로 산부를 대들보에 매달기도 하고, 그녀의 어머니 형제에게 요청해 힘 센 청년에게 등에 등을 대고 그녀를 업어 올리라고도 했고, 목숨을 걸고 높은 곳에서 뛰어내리기도 하고, 머리카락을 한 움큼 깨물게도 했다. 모든 것이 전혀 효과가 없자 오늘 밤에 마지막 방법으로 대나무 칼을 만들어 산부의 아랫도리를 베었는데 산부는 소리만 지르고 침대 위에 피가 가득한 가운데 떨며 인사불성이 되었다. 모두가 이씨 아저씨 부인은 더러운 귀신(月子鬼)에 씌었다고 했다. 이제 마을 족장과 마을 무당이 소를 잡아 제사를 지내는 방법을 쓰려고 했는데, 이씨 아저씨의 집에는 황소가 하나뿐이었다. (중략)

두 의사는 손전등 불빛으로 이씨 아주머니가 풀을 태운 재 위에 누워 있는 것을 볼 수 있었다. 그녀는 두 눈을 꼭 감고 있었고 얼굴빛은 풀의 재와 구별하기 힘들 정도였다. 마치 물에 빠져 부어오른 것 같은 창백한 입술은 미약하게 달싹이고 있었다. 그녀 옆에 앉아 있는 검은 치아의 이웃 노부인은 손전등 불빛에 화들짝 놀라서 붉게 부은 눈으로 산모를 보다가 의사들을 보고 가슴을 두드렸다가 손을 흔들었다가 하였다. 마치 이씨 아주머니가 이미 절망적이라고 하는 것 같았다.

이 이야기에서 산모를 찾아간 두 의사는 수술이 필요하다고 판단했지만 남편은 집을 떠나 있고, 마을의 족장과 무당이 배를 절개하는 것은 허락할 수 없다고 하여 수술을 하지 못한다. 결국은 더 안전하고 위생적인 본인들의 위생실로 다시 밤의 산길을 걸어 산모를 옮겨 오고, 깨끗이 씻기고, 수혈을 하고, 가로누운 태아의 위치를 조절하고 나서야 아이가 나오게 된다. 주인공 의사는 소수민족의 관습을 전통을 존중해야 한다는 당의 규율을 지키기 위해, 촌각을 다투는 산모를 두고도 설득이 되지 않았기 때문에 수술을 하지 않는다. 지혜를 발휘하여 결국 아이를 낳긴 하지만 의사 한 명은 아이를 받다가 산모에게서 흘러나온 피로 만들어진 웅덩이에 발을 헛디뎌 중심을 잃고 쓰러져서 허리를 크게 다친다. 의사들의 희생적인 활약으로 하나밖에 없는 소도 죽이지 않을 수 있었고, 앞서 열세 명의 아이를 잃은 이씨 부부는 첫 아들을 건강하게 출산하여 키워나간다.

이 이야기는 감동적이면서도 관습으로 인해 고통당하는 여성의 출산 경험을 보여준다. 이씨 아주머니는 난산으로 인해 온갖 힘든 일을 당한데다가, 본인이 자신의 몸에 대해 결정을 할 수 없는 상황에 놓여 있다. 그리고 이들을 구해내는 것은 새로운 조산법을 배운 의사들이었는데, 이 글에서는 그 영광을 마오쩌둥, 즉 마오주석(毛主席)에게 돌린다.

고통과 공포에서 기쁨으로, 국가의 은사라는 선전

앞의 보고문학에서는 서로 말이 잘 통하지 않는 한족, 다이족, 징포족이 이중 삼중의 통역을 거쳐 가며 의사소통을 하는데, 주인공 한족 의사들에 대해 다른 소수민족들이 '마오주석의 의사'라고 칭한다. 서로 무슨 말을 하는지 분명하지 않지만 주인공들은 도움받은 소수민족들이 '마오주석'이라고 말하는 것은 알아듣는다. 그리고 주인공들도 언제나 마오주석이 지켜보고 있다고 생각하며 일하는 것은 물론이다.

　자녀를 많이 낳아서 후손을 늘리는 것이 효이고, 자녀가 없는 것이 불효라고 하는 전통 관념이 굳건히 존재했지만, 가난한 가정에서는 자녀가 늘어나는 것이 축복이 되기는 어려웠다. 게다가 딸을 많이 낳게 되면 축복받는 출산과는 거리가 멀었다. 남존여비의 사고방식은 여성의 출산도, 태어난 여자아이도 모두 무시하는 분위기를 만들었고, 공산당은 '남녀평등'을 추진해 온 정당으로서 남존여비는 잘못된 봉건적 사상이라고 강하게 비판하였다.

　『중국부녀』 잡지는 중화인민공화국 정부가 여성과 아동들의 건강을 돌보는, 그것도 특히 노동자와 농민 계층의 가난한 여성들에게도 관심을 갖는 정부임을 지속적으로 선전했다. 1951년 세 여자 쌍둥이를 낳은 한 가장이 『중국부녀』 지에 보내온 감사의 서신과 사진이 게재되었다. 과거 같으면 여자아이가 셋이나 태어났으니 가정의 부담이라고만 생각했을 텐데, 이 서신의 가장은 산모가 건강히 세 아이를 낳은 것을 마오쩌둥 주석의 축복이라고 기뻐하였다.

　여자아이를 낳아도 괜찮다고 여기게 되는 데에는 토지개혁을 통해 여성들도 남성들과 똑같이 토지를 받을 수 있게 된 경제적 배경, 혼인법을 중심으로 하는 평등한 가족관계의 추구, 여성들의 사회노동 및 정치 활동 권리의 증진과 같은 변화가 저변에 깔려 있다.

다음 쪽의 사진은 당시 국가 부주석이었던 쑹칭링(宋慶齡)이 한 노동자가 출산한 쌍둥이를 기쁘게 안고 있는 장면이다. 쑹칭링은 본디 아동들의 복지에 깊은 관심을 갖고 있었고 특히 전쟁 시기에 부모를 잃은 아이들을 위해 다양한 활동을 한 바 있다.

중화인민공화국 건국 이후 부주석이 된 그녀가 이렇게 노동자 영아실에 직접 찾아가 아이를 보았다는 것은 노동자 계급의 출산과 아동들에 국가가 이렇게나 관심을 가지고 있다고 보여 주는 효과를 자아내는 것이기도 했다.

주슈진(朱秀錦)이라는 한 보건원(保健員)의 경험담에도 마을 주민의 반응으로 마오 주석의 언급을 볼 수 있다.

솽옌향(雙岩鄕)의 푸(傅)씨 부인이 바로 이런 상황이라서, 9명의 아이를 낳았는데 모두 죽었다. 그래서 열 번째 배가 불렀을 때 원한을 품은 것처럼 고통스러워했다. 주슈진은 새로운 조산법을 행하여 그녀는 귀여운 아기를 낳을 수 있었다. 그녀는 감동하여 눈물을 흘렸다. "이 아이의 생명은 모주석이 구해낸 것

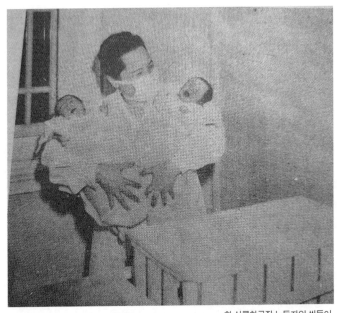

한 삼륜차공장 노동자의 쌍둥이.
중화인민정부 부주석 쑹칭링이 직접 영아실로 찾아가 만났다.

(『중국부녀』 1953년 6호)

입니다." (중략)

산모의 집에 도착했을 때는 자정이 다 되었는데, 벌써 양수가 3일째 흐르고 있었고 태아는 나오지 않아서 모두가 매우 초조해하고 있었다. 그녀가 영아를 받아내고 모자가 모두 평안했다. 사람들이 차츰 반응을 보였다. "공산당 영도하의 의사는 정말 고생하는구나. 국민당 통치 시대 같으면 의사를 모셔 오려면 가마를 가지고 가야 했고, 가난한 사람은 데려 올 방법이 없으니 죽기만을 기다려야 했는데.", "이제는 아이를 낳을 때에도 마오주석의 덕을 보는구나!"

실제로 이렇게 반응을 보였을 수도 있지만 『중국부녀』 잡지가 공산당과 깊은 관련을 가진 부련이 만든 잡지임을 생각하면 독자들에게 공산당이 영도하는 중국이 여성들에게 얼마나 좋은 일을 하는지 선전하기 위해 이러한 문구를 빠뜨리지 않고 넣었음을 알 수 있다. 모든 사회적 변화를 마오주석의 덕으로 돌리는 사고방식에서 당시 사람들의 정치 인식도 엿볼 수 있다.

산전검사나 조산, 예방주사 등을 모두 무료로 했기 때문에 특히 가난한 계층의 사람들이 이러한 정책 활동으로 건강권을 보장받을 수 있었음은 분명하다. 다만 근대적 의료 활동에 대한 지식이 지나치게 적었기 때문에 새로운 방법에 대한 저항과도 계속 싸워야만 했다.

피임을 하고 싶다

1950년대 중반 이후부터는 출산과 관련하여 사회적으로 큰 변화가 일어나는데, 바로 계획 출산이 권장되기 시작한 것이다. 이때의 계획 출산은 피임 허가(피임용 기구의 수입, 지급, 판매, 사용 등)를 시작하고 적당히 터울을 두고 낳는 것을 권장한 것으로, 최근의 한 자녀 정책처럼 자녀 수에 대한 강제성을 띤 것은 아니었다. 이 시기에는 음성적으로는 인공유산도 가능하게 되었다. 계획 출산이 등장하게 된 배경 중 하나로 중화인민공화국 건국 이후 전반적인 사회 안정, 경제발전과 산모·영아 사망률의 하락으로, 인구가 급격히 늘어난 것을 들 수 있다. 공산당과 정부가 과도한 인구 성장이 경제에 부담으로 작동할 수 있다고 우려하여 계획 출산을 정책적으로 추진하기 시작한 것이다.

또 다른 배경으로 들 수 있는 것은 피임과 임신중절이 금지되자 많은 여성들이 원치 않는 임신으로 인해 고통스러워하고 그 불만을 각 지역 정부나 여성단체에 쏟아냈고, 당 중앙에서도 덩

잉차오(鄧穎超)와 같은 고위급 간부가 직접 덩샤오핑(鄧小平)에게 편지를 써서 이 문제의 해결을 요청했다는 사실이다. 이러한 현실을 반영하듯 1950년대 중반 『중국부녀』에 임신과 출산을 피하고 싶은 독자들의 편지가 속속 날아들었다. 피임법을 알려 달라거나 임신을 피하고 싶다고 밝힌 독자들은 혼인가능 연령인 18세(남성은 20세)가 되자마자 결혼하여 거의 1년에 한 명씩 아이를 낳고 수유를 하는 것이 여러 차례 반복되어 출산과 육아로 인해 극도의 피로를 호소하고 있었다. 20대 중반에 이미 4-5명의 자녀를 둔 부모가 되어, 부부가 모두 경제적·신체적 압박에 시달리고, 때로는 가정불화가 생겨났다. 그중에는 여성의 몸에 무리가 와서 유산을 하거나, 출산을 할 때마다 난산으로 고통 받았거나, 임신중독으로 고생한 사례들도 있었다. 한 여성은 결혼한 지 얼마 되지 않았으나, 진학하고 싶은데 임신을 할까봐 출장 가 있는 남편과 만나야 할 때마다 온갖 핑계를 대며 만나지 않는다고 하는 사연을 보내기도 했다.

『중국부녀』 편집부는 젊은이들에게 25세 이후에 결혼하기를 권장했고, 적당한 터울을 둔 임신과 출산으로 모체의 건강을 유지하고 적절한 피임법을 사용하는 것이 아동의 건강에도, 가정경제와 화목한 생활에도 도움이 된다고 설명했다. 경제력도 부족한 상태의 어린 부부가 육아로 인해 학습, 사회생활, 생산 노동에도 어려움이 생기는 경우가 많고, 결국 이것은 국가 경제에도 나쁜 영향을 끼친다고 하여 공적인 의미에서도 적절한 피임과 만혼이 필요하다는 논리를 만들었다.

그런데 늦게 결혼하고, 피임기구를 사용하여 성관계를 하는 것은 모두 관습적인 사고에서는 저항이 큰 것이었다. 이 당시 10대 후반이면 결혼하던 것은 조혼 풍습의 영향이라고 볼 수 있다.(이 풍습은 오늘날도 농촌에서는 여전히 찾아볼 수 있어서 10대 중후반에 결혼 상대가 정해지는 사례가 많다.) 결혼을 하면 반드시 음양의 기운이 합쳐져야 하므로 자주 성관계를 해야 한다거나, 콘돔을 사용하면 건강을 해친다거나 하는 근거 없는 이야기부터, 빨리 자녀를 낳지 않는 것은 불효라는 전통적인 담론까지 모두 신혼부부들에게 임신과 출산을 재촉하는 근거가 되었다. 피임 지식이 불확실하여 실행하는 데 문제가 있거나, 자녀 계획에서 부부가 의견이 맞지 않으면 이로 인해 부부 사이에 다툼이 생기는 것은 당연한 일이었다.

그럼에도 이렇게 피임을 하고자 하는 여성들의 적극적인 사연에서 보이는 모습은 더 이상 관습적으로, 동물처럼 임신하고 출산하는 식으로 살고 싶지 않다는 의지이다. 또한 스스로 자신의 몸을 통제할 수 있는 과학지식을 접한 여성들이 많아졌다는 것도 알 수 있다. 과거 운명처럼 받아들였고, 자신이 선택할 수 없었던 결혼과 임신, 출산에서 이제 여성들이 거리를 두고 볼 수 있는 시각, 스스로 결정하고자 하는 주체성을 갖게 되었음을 살펴볼 수 있다.

안전하고 자율적인 출산을 위한 남녀평등과 과학적 사고의 추구

『중국부녀』의 기사들을 통해 1950년대 중국의 출산과 관련한 여러 실천과 생각을 읽어보았다. 1950년대는 구래의 출산 관습이 지속되고 있었고, 관습에 내재한 여성에 대한 멸시가 위험한 출산, 높은 신생아 사망률로 이어지고 있었다. 여성이 스스로 임신을 결정할 수 없고 몸의 건강도 지킬 수 없었다. 생식 관련 지식을 접하기도 어려웠지만 지식이 있더라도 결정권이 없던 것이 모두 문제였다.

대중적으로는 생소했던 '세균' 개념, 병원에 가서 진료를 하거나 주사를 맞는 행위에 대한 거부감, 아프거나 죽는 것은 모두 개인의 운명일 뿐이라거나 귀신이 하는 일이라는 미신적 사고 등은 하루 이틀 만에 사라질 수 있는 것이 아니었다. 그래서 단순히 이론을 설명하는 것보다는 새로운 조산법으로 무사히 아이를 낳은 경험담이 마을에 퍼지게 되면 그 이후에 사람들이 신식 조산원을 찾게 되는 식이었다.

중국 정부는 근대적 의사를 갑자기 대량으로 키워낼 수도 없고, 병원을 많이 세울 수도 없었던 1950년대의 물질적 조건 하에서 신식 조산사의 훈련이라는 방법으로 산모와 신생아의 발병률·사망률을 낮추고자 했다. 이러한 활동으로 일부 지역의 여성들은 난산과 출산 시 감염에서 벗어날 수 있었고, 신생아의 사망률도 낮아졌다. 그러나 이것으로 끝이 아니었으니, 생식에 관련한 지식을 갖게 되고, 노동자로서 사회적·경제적 지위를 얻게 된 여성들은 자녀의 수, 임신의 시기에 대해서도 스스로 통제하는 길을 추구하게 되었다.

공공연한 비밀
– 〈바람과 함께 사라지다〉에 감춰진 임신과 출산의 그림자

신지혜(전남대학교 역사교육과 조교수)

〈바람과 함께 사라지다〉 논란

　남북전쟁을 배경으로 한 마거릿 미첼의 대하소설 『바람과 함께 사라지다』는 1936년에 발표된 후 지금까지 미국에서 성경 다음으로 많이 읽힌 책으로 꼽힌다. 흘러가 버린 영광스러운 과거를 돌아본 작품으로 엄청난 대중적 인기를 누렸는데, 소설보다도 더 사랑을 받은 것은 1939년에 개봉된 동명의 대작 영화일 것이다. 남부 농장주의 딸 스칼렛 오하라와 맹목적인 애정의 대상인 애슐리 윌키스, 애슐리의 아내로 항상 스칼렛의 옆을 지키는 멜라니, 위기 때마다 스칼렛 옆에 나타나는 기사이자 보호자인 레트 버틀러, 그리고 해방된 후에도 백인 주인을 따르는 충성스러운 매미는 오늘날에도 미국 대중문화의 아이콘으로 남아 있다.

　그러나 2020년 6월 HBO의 스트리밍 서비스인 HBO 맥스(Max)는 〈바람과 함께 사라지다〉를 제공 영화 목록에서 잠시

1967년 재개봉 당시 〈바람과 함께 사라지다〉 포스터
(MGM, Public domain, via Wikimedia Commons)

빼놓기로 했다. 인종차별적인 내용을 담고 있다는 것이 주된 이유였다. 조지 플로이드의 사망이 점화한 항의 운동의 결과로 이미 남부연합의 기념비나 동상이 미 전역에서 철거되고 있는 상황에서, 남부를 이상적인 장소로, 노예제를 온정적인 제도로 바라보는 시대에 뒤떨어진 영화 역시 퇴거시켜야 한다는 움직임이 반영되었다. 얼마 후 HBO 측은 역사적 배경을 설명한 비디오 두 편을 같이 제공하며 영화를 다시 공개했다.

한편, 당시의 기준으로 보면 〈바람과 함께 사라지다〉는 인종 갈등에 민감하게 대응한 영화였다. 인종차별적인 내용이나 맥락을 완전히 지울 수는 없었지만 영화 제작자들은 NAACP(전미 유색인지위향상협회)와 협력하여 차별적인 내용을 줄이고자 했다. 원작소설에 등장했던 모욕적인 단어를 대체하고 설정에 변화를 주었으며 노예 역할을 맡은 흑인 배우들의 의견도 받아들여 소설에 비해 인종관계를 더 의식한 영화를 만들었다. 지난 80여 년간 소설의 수용에도 변화가 있었다. 레트와 스칼렛이 다시 만나게 될 것인지 궁금해 하는 팬들의 속편 요구가 쏟아졌지만 마거릿 미첼은 수많은 독자의 편지에 답하고 강연 활동을 하느라 글을 쓸 겨를이 없었다. 1949년 미첼이 불의의 사고로 사망하면서 속편을 볼 수 있으리라는 희망마저 사라졌다. 그러나 죽음도 팬들의 요구를 막을 수 없었다. 마거릿 미첼 재단은 『바람과 함께 사라지다』의 유산을 훼손하지 않겠다는 목적을 가지고 까다롭게 속편의 작가를 골랐다. 재단의 승인을 받아 1991년에는 알렉산드라 리플리의 『스칼렛』이, 2007년에는 도널드 매케이그의 『레트 버틀러의 사람들』이 출판되었다. 속편은 원작의 비전을 벗어나서도, 근친상간, 인종혼종(miscegenation), 동성애를 다뤄서도 안 되었는데, 『레트 버틀러의 사람들』은 재단의 요구 사항을 지키면서도 현대의 감수성에 맞지 않는 인종차별적인 단어와 설정을 피하려는 노력을 기울였다. 이 외에도 '승인받지 않은 패러디(unauthorized parody)'라는 딱지를 붙이고 출간된 앨리스 랜덜의 『더 윈던건(The Wind Done Gone)』(2001)이 있다. '바람과 함께 사라지다(Gone With the Wind)'를 흑인 영어식 표현으로 바꾼 제목에서 알 수 있듯이, 랜덜은 원작 소설의 서사를 전복하여 아더(Other, 원작의 스칼렛)의 아버지(원작의 제럴드 오하라)와 노예 매미(Mammy) 사이에서 태어난 흑백 혼혈 시나라(Cynara)를 주인공으로 삼았다. 영화 제작자들의 노력과 여러 속편의 등장은 2020년에 HBO가 퇴출 결정을 내리기 전에도 〈바람과 함께 사라지다〉를 읽고 보는 행위가 아무런 제약 없이 이루어지지는 않았음을 보여준다.

여기서는 겉으로 드러나지 않았지만 분명히 존재했던 임신과 출산의 세 가지 모습을 중심으로 『바람과 함께 사라지다』를 다시 읽어 본다. 첫째로는 백인 여성의 임신과 출산, 둘째는 흑인 여성이 출산에서 맡은 역할, 셋째는 임신과 관련된 죽음이다. 영화 내용상 필수적이었으나 관객의 눈에서 다소 벗어나 있던 이 세 모습은 영화의 배경이 된 19세기 남북전쟁 시기와 영화가 제작된 시점인 1930년대의 상황을 반영했을 뿐만 아니라 오늘날에도 시사점을 제공한다.

할리우드의 헤이즈 코드

남북전쟁 이전 임신과 출산은 남부 노예농장을 구성하는 데 필수적인 요소였다. 〈바람과 함께 사라지다〉의 책장과 영화 화면을 빼곡하게 메우는 수많은 흑인 노예들은 농장주나 관리인의 강압적인 성관계, 번식이라고밖에 표현할 수 없는 노예 간의 결합 등을 통해 태어났다. 그리고 그 과정에는 언제나 정신적, 신체적 고난이 동반되었다. 노예들의 생활환경은 임신과 출산에 적합하지 않았기 때문에 영아 사망률이 매우 높았고 산모의 목숨도 보장받지 못했다. 백인 농장주라고 해서 습하고 더운 남부의 기후를 견뎌낼 수 있었던 것은 아니다. 출산 때마다 산모 당사자에게든 배 안의 아이에게든 죽음의 그림자가 따라다녔다. 그러나 이러한 모습은 영화에서–소설에서도 마찬가지지만–순화되어 나타난다.

〈바람과 함께 사라지다〉에서 멜라니와 스칼렛의 임신 및 출산은 극을 이끌어가는 도구로 주요 분기점마다 등장한다. 애틀랜타가 북부 연합군에 함락될 때 멜라니가 첫 아이를 출산하면서 스칼렛과 레트 버틀러가 관계를 재정의하게 되고, 스칼렛의 유산, 멜라니의 두 번째 임신, 그리고 임신합병증으로 인한 사망이 극의 주된 갈등 요인으로 작동한다. 그러나 이렇게 중요한 사건임에도 불구하고 영화는 두 주인공의 임신과 출산 모습을 그려내는 데 소극적이었다.

19세기 중반 미국 여성들은 임신 말기에도 코르셋을 계속 착용했고, 풍성한 후프 스커트를 입어 변화하는 몸 상태가 눈에 띄지 않게 했다. 영화에서도 출산 직전까지 멜라니의 임신 여부는 드러나지 않으며, 이불을 덮은 채 머리를 팔에 기대고 힘없이 늘어져 있는 모습 외에는 출산의 고통도 나타나지 않는다. 원래 몸이 약해서 아이를 낳는 게 힘들었을 뿐 멜라니의 어려움은 출산 자체와도 별로 연관성이 없어 보인다. 출산 장면은 스

영화 〈바람과 사라지다〉의 한 장면. 왼쪽부터 매미 역의 해티 맥대니얼,
멜라니 역의 올리비아 드 하빌랜드, 스칼렛 역의 비비언 리
(MGM, Public domain, via Wikimedia Commons)

칼렛과 멜라니의 옆얼굴 실루엣으로 대체되고, 흑인 노예의 입을 통해서야 비로소 멜라니가 출산했다는 사실이 밝혀진다. 이후 건강을 회복하지 못했던 멜라니는 더 이상 아이를 낳아서는 안 된다는 의사의 경고를 무시하고 두 번째 아이를 가졌다가 결국 사망한다. 극 중에서 멜라니가 감추려고 했기 때문이기도 하지만, 두 번째 임신도 전혀 눈에 띄지 않는, 평상시와 다를 바 없는 상태로 묘사된다. 스칼렛 역시 여러 차례 아이를 임신하는데 영화에서는 그런 모습이 드러나지 않는다. 출산 장면을 묘사할 때도 정작 아이를 낳은 스칼렛보다 레트 버틀러와 매미의 관계 회복에 초점이 맞춰져 있다. 술을 연거푸 들이켜며 아이의 탄생을 기뻐하는 레트와 치마를 살짝 들어 올려 그가 선물한 빨간 페티코트를 보여주는 매미의 모습은 앓는 소리조차 새어 나오지 않는 스칼렛의 방문과 대비된다.

　더욱 흥미로운 점은 영화와 소설의 차이이다. 미첼의 소설에서 스칼렛은 레트 버틀러와 아이를 잉태하기 전, 두 번의 결혼을 통해 두 차례 출산을 한다. 애슐리와 멜라니의 결혼 발표에 충격을 받은 나머지 홧김에 멜라니의 동생 찰스와 결혼하여 유복자를 낳고, 남북전쟁이 끝난 후에는 타라 농장에 매겨진 세금을 내기 위해 여동생 수엘렌의 정혼자였던 프랭크와 결혼하여 딸을 낳는다. 하지만 영화는 두 아이의 존재를 지워 버린다. 너무나 많은 사건을 영화 한 편에 다 집어넣어야 했던 터라 어쩔 수 없는 선택이었을 것이다. 레트 버틀러와의 진정한 사랑을 강조하기 위해서도ㅡ영화는 당시 할리우드의 '왕' 클라크 게이블을 고용하여 소설에서보다 레트 버틀러의 역할을 더 부각시켰다ㅡ스칼렛이 이미 다른 남자와 아이를 둘이나 가졌다는 설정을 용납하기 힘들었을 수 있다.

그러나 위생적이고 순화된 임신 및 출산의 묘사는 무엇보다 1930년대 헤이즈 코드(Hays' Code)의 검열에 따른 것이었다. 20세기 초 할리우드 영화에는 과한 성적 묘사가 넘쳐났는데, 이에 반기를 드는 관객이 늘면서 자정운동이 시작되었다. 1929년에 시작된 대공황도 할리우드의 방향성을 좌우했다. 경제적으로 어려운 상황이었지만 꾸준히 영화관을 찾았던 남부의 관객에게 호감을 살 영화가 필요했던 것이다. 할리우드는 도덕성을 강조했고 '백인 주인과 행복한 흑인 노예'로 가득한 과거의 좋은 시절을 그려냈다. 영화의 주제와 내용에 대한 규제도 이어졌다. 미국 영화 제작자와 배급사(MPPDA) 단체의 회장 윌 H. 헤이즈(Hays)는 할리우드 영화의 이미지를 개선하고 도덕성을 향상하기 위한 노력의 일환으로 1930년 영화 제작 지침을 기록한 포괄적인 '코드'를 제시했다. 헤이즈 사무소는 이미 1927년에도 영화 제작 시 금지 사항과 유의점을 발표한 적이 있었다. 당시에는 그다지 효용이 없었지만 1930년에 다시 소개된 제작 코드는 종교단체의 지원을 등에 업고 성공을 거두었다. 이제 영화사는 헤이즈 사무소에 영화 대본을 보내 검사를 받고 지적받은 내용을 수정해야만 영화를 제작할 수 있었다.

1934년부터 실무에 적용되어 1968년까지 명맥을 유지한 헤이즈 코드의 〈특별 적용〉 난은 범법 행위, 저속한 내용, 의상, 춤, 종교 등에 대한 섹션으로 구성되었다. 이 중 두 번째는 '섹스'에 관한 것이었다.

1. 불륜이나 불법적인 성관계는 플롯에 필요할지라도 대놓고 다루거나 정당화되거나 매력적으로 그려져서는 안 된다.

2. 열정의 장면

3. 유혹이나 강간

4. 성적 도착이나 이와 관련된 암시는 금지되어 있다.

5. 백인노예제(white slavery *백인 여성의 강제 매춘)를 다뤄서는 안 된다.

6. 낙태, 성위생(sex hygiene), 성병은 극영화에 있어서 적절한

주제가 아니다.

7. 실제 출산 장면을 드러내거나 실루엣으로라도 보여서는 결코 안 된다.

8. 어린이의 성기가 절대 드러나서는 안 된다.

이 밖에 매춘, 수술 장면, 백인-비백인(특히 흑인)의 인종혼종, 음주 등이 〈특별 규제〉 섹션에서 언급되었다. 1939년에 개봉된 〈바람과 함께 사라지다〉도 헤이즈 코드의 적용에서 예외가 아니었다. 레트 버틀러와 모종의 관계를 맺었던 매음굴 마담 벨와틀링의 묘사나, 영화에서 스칼렛의 마지막 말인 "Tomorrow is another day(내일은 내일의 태양이 뜰 테니까)" 못지않게 주목받았던 명대사, "Frankly my dear, I don't give a damn(솔직히, 내 사랑, 내 알 바 아니오)"도 비속어(damn)를 썼다는 이유로 검열에서 자유롭지 못했다. 특히 위의 코드 중 7번인 실제 출산 장면 묘사의 금지는 등장인물의 임신, 출산, 죽음 등을 다루는 데 제재를 가했다. 극의 핵심이 되는 사건이라 전달하지 않고 넘어갈 방법이 없었기 때문에 영화는 이들을 다소 순화하여 그려냈다.

임신에 대한 구체적인 언급은 헤이즈 코드에 들어 있지 않지만, 1930년대 이후 제작된 고전 할리우드 영화에서 D라인을 내

보이는 여성의 모습을 찾기란 쉬운 일이 아니다. 비단 영화에서만이 아니라 일상에서도 20세기 중반까지 '임신(pregnancy)'이라는 단어는 거의 사용되지 않았다. 가족이 늘어날 것이라거나 '기대하고 있다(expecting)'는 말이 '임신'을 대체했다. 단어의 사용에 반영된 제약 외에도 당시 미국 사회는 임신한 여성이 공공장소에 모습을 드러내는 것이 바람직하지 않다고 보았다. 임신 자체가 여성이 성관계를 했다는 뜻으로 인식되었기에, 축복받아야 마땅한 아이의 탄생에도 불구하고 임신은 대중의 눈앞에서가 아니라 개인적으로 경험해야 하는 문제였다. 영화의 출산 장면 역시 비슷한 맥락에서 금기시되었다. 결혼을 했다면 아이가 생기는 것이 당연한 일이었지만, 갓난(?)아이를 안고 웃음 짓는 부모의 얼굴이 클로즈업되기 전까지의 과정은 감춰졌다. 대중에게 꿈과 희망을 주는 매체에서 임신과 출산처럼 개인적이고 여성적인, 그리고 궁극적으로는 성적인 사건을 포함하는 과정을 보여주어서는 안 된다는 도덕관념이 적용되었던 것이다. 가톨릭품위위원회(Legion of Decency)를 비롯해 여러 종교단체 또한 임신과 출산의 어려움을 영화에서 공개하면 여성들이 그 과정을 두려워하여 아이를 낳지 않으려 할 것이라며 헤이즈 사무소의 규제를 뒷받침했다.

흑인 산파, 백인 산파

20세기 초의 할리우드 영화는 결혼, 임신, 출산을 당연한 절차로 여기면서도 임신한 여성의 존재와 이들의 출산 과정을 지워 버렸다. 그뿐만이 아니다. 백인 여성의 임신과 출산이 눈에 드러나지는 않아도 자연스러운 것이었다면, 유색인이 겪는 임신과 출산의 어려움은 백인의 고통에 비해 무시되거나 하찮은 것으로 치부되었다. 20세기 초까지도 흑인을 비롯해 미국 인디언, 아시아인, 라틴아메리카인 등 '야만인'은 문명에서 벗어나 있어 산고를 덜 겪는다는 믿음이 있었다. 이들은 임신과 출산 장면에서 배제되는 것은 물론이고, 출산 과정에서 조력자로 수행한 역할마저도 인정받지 못했다. 대중문화에서조차 그저 옆에서 보조하는 처지가 아닌, '능력 있는' 흑인 산파의 모습은 잘 나타나지 않는다. 그러나 실제 19세기 미국 남부의 농장에서 백인 여성의 출산은 산파 역할을 한 흑인 노예의 손에 좌우되었다. 흑인 산파는 전통적으로 민간요법과 약초 사용에 능했으며 관련 경험도 많았다. 당시 흑인 노예 여성의 삶에서 출산이란 피할 수 없는 일상이었기 때문이다. 산파학은 매우 중요한 기술로 흑인 산파 중에는 경제적 이득을 얻고 사회에서도 대접받는 이들이 상당했다. 심지어 자유를 살 만큼 돈을 많이 번 사람도 있었다. 흔치는 않았어도 백인 농장주 여성 역시 흑인 노예의 출산 과정에 관여했는데, 난산을 겪는 노예를 위해 의사를 불러 온다든가 임신한 노예가 지나친 노동을 하지 않도록 돕기도 했다. 집안의 남자들이 모든 결정을 내렸던 때에 이들이 개입할 수 있는 여지는 많지 않았지만 흑인 노예와 백인 농장주 여성은 서로 협력해 가며 임신과 출산 과정을 견뎌냈다. 19세기 중반 이후에는 백인 농장주 여성의 40~50퍼센트 정도가 의사의 도움으로 출산하는 등 의사가 흑인 산파를 어느 정도 대체했으나, 출산 예정일을 정확하게 예측할 수 없었고 의사 수도 많지 않았기 때문에 여전히 흑인 산파가 출산 과정에서 중요한 역할을 맡았다. 당시 백인 농장주 여성, 흑인 산파, 그리고 의사의 삼각관계는 〈바람과 함께 사라지다〉에도 드러난다. 그러나 영화는 백인 여성에게 전권을 위임함으로써 흑인 여성을 보조석으로 끌어내렸다.

극 중 멜라니의 출산을 돕기로 했던 미드 박사가 부상병을 치료하느라 자리를 뜰 수 없자, 스칼렛은 어쩔 수 없이 흑인 노예인 프리시의 손을 빌리기로 한다. 미드 박사가 말했듯이 아이를 받는 것은 아무것도 아니었고, 못 미덥긴 했어도 흑인 노예 여성이라면 아마 다 산파학을 알 것이며, 프리시 역시 경험이 있다고 자신만만했기 때문에 내린 결정이었다.

프리시: 의사 선생님이 오고 계신가요?

스칼렛: 아니. 못 오신대.

프리시: (공포에 질려)오, 미스 스칼렛! 미스 멜리 상태가 좋지 않아요!

스칼렛: 못 오셔. 올 사람이 없어. 프리시, 의사 없이 혼자 해야겠다. 내가 도울게.

프리시는 입을 크게 벌린다.

프리시: 오, 이럴 수가, 미스 스칼렛!

스칼렛 (날카롭게): 왜, 뭐지?

프리시 (뒤로 물러서며): 이럴 수가, 의사 선생님을 모셔 와야해요. 아이 낳는 거 암껏도 모른다고요!

공포에 사로잡힌 스칼렛은 온몸에서 숨이 빠져나가는 기분이다. 프리시가 도망치자, 스칼렛이 그녀를 붙잡는다.

스칼렛 (분노에 휩싸여): 무슨 뜻이지?

프리시: 모른다고요!

스칼렛: 나한테는 다 안다고 했잖아!

프리시: 왜 거짓말을 했는지 모르겠어요! 엄마는 남들이 아이 낳을 때 근처에도 못 가게 했다고요!

분을 못 이긴 스칼렛이 온 힘을 다해 검은 얼굴을 때린다. 프리시는 비명을 지른다. 스칼렛은 멈추고 계단을 올려다보더니 프리시를 끌고 가기 시작한다.

프리시: (울면서) 오, 미스 스칼렛!

스칼렛: (엄청난 힘으로, 장군같이 냉정하게 짧은 명령을 내리면서) 그만해! 가서 스토브에 불을 지피고 주전자에다 계속 물을 끓여. 실타래랑 깨끗한 수건을 있는 대로 가져오고, 가위도 가져와. 못 찾는다고 하기만 해 봐. (스칼렛이 프리시를 민다.) 가져와, 빨리 가져와!

영화는 스칼렛의 용기와 성장을 보여주기 위해 어수룩한 흑인 노예를 그녀와 대비시켰다. 전천후 만능 노예인 매미는 스칼렛의 고향인 타라 농장에 매여서 올 수 없었고, 매미를 대신할 프리시는 흑인 노예 여성의 부정적인 면을 정형화한 인물로 극을 진행하기 위한 도구에 불과했다.

무능하고 쓸모없는 거짓말쟁이 흑인 노예의 모습은 영화 제작 당시부터 갈등의 여지를 남겼다. 할리우드에서는 20세기 초까지도 블랙페이스나 옐로우페이스 같이 백인 배우에게 흑인이나 아시아인 분장을 시키는 일이 빈번했다. 그러나 1920년대에 들어서면서 진짜 흑인 배우를 고용하는 영화사가 늘어난 데다, 남북전쟁을 배경으로 하는 영화에 노예가 빠질 수 없었기 때문에 흑인 배우의 역할이 중요했다. 문제는 이들에게 노예 역할을 강요하기가 쉽지 않았다는 것이다. 〈바람과 함께 사라지다〉의 흑인 배우라고 한다면 흑인 최초로 아카데미상을 수상한 매미 역의 해티 맥대니얼을 들겠지만, 그 못지않게 존재감을 보인 배우가 있었으니 바로 프리시 역의 버터플라이 맥퀸이다. 브로드웨이에서 커리어를 시작한 실력 있는 댄서이자 배우였던 맥퀸은 위의 장면을 촬영하면서 스칼렛 역의 비비안 리와 갈등을 겪었다. 맥퀸은 전문 배우로서 거칠게 (마치 노예처럼) 취급당하는 것에 반발했고, 결국 리가 뺨을 때리는 시늉을 하는 대신 맥퀸은 진짜 맞은 듯이 감독이 원하는 "극도의 흥분 상태"를 표현하기로 합의했다. 그러나 속사정이 어떠했든 프리시의 이미지는 거짓말만 잘하는 형편없는 흑인 노예, 특히 무능한 산파의 모습을 대중에게 전시하고 말았다.

이러한 묘사는 역사상 흑인 노예 여성이 임신과 출산 과정, 그리고 육아에서 실제로 수행했던 다양한 역할을 지운다. 스칼렛이 매미의 손에 자란 것처럼 19세기 중반 남부 농장에서 태어난 아이를 돌보는 것은 흑인 노예의 일이었고, 심지어 주인의 백인 아이에게 젖을 물리는 것도 흑인 노예였다. 모유가 아이에게 미치는 중요성이 강조되면서 젖 유모를 구할 때 성격이나 출신 배경을 잘 살펴보아야 한다는 목소리가 높았지만, 남부의 흑인 여성들은 계속해서 유모의 역할을 맡았고 출산 과정에도 깊숙이 개입했다. 20세기에 들어서면서 병원에서 아이를 낳는 여성들이 늘어났으나, 1930년대까지도 남부의 여러 지역에서는 흑인 산파가 출산 과정의 한 부분을 차지했다. 이들은 같은 흑인은 물론 가난한 백인의 출산에도 힘을 보탰다. 그러나 산파학의 전문화가 가속되고 간호사 신분이면서 산파 일도 같이 하는 새로운 직업군이 등장하자 1940년대에는 결국 흑인 산파의 역할에도 제동이 걸렸다. 소설과 영화에 그려진 프리시의 모습은 이러한 변화의 반영이었는지도 모른다. 이제 영화에서도 흑인 산파는 더 이상 필요하지 않았다. 의사에게 도움을 받거나, 정안 되면 스칼렛과 멜라니 같은 용감한 백인 여성들이 서로의 출산을 책임질 수 있게 된 것이다.

임신과 출산의 뒷면

중요한 사건이었음에도 영화에서 좀처럼 눈에 띄지 않았던 임신과 출산을 돌아보는 과정은 19세기 중반뿐만 아니라 20세기 초, 그리고 오늘날에도 미국의 인종, 젠더, 재생산에 대해 생각해 볼 기회를 제공한다. 여성의 임신과 출산이 대중매체에서 오랫동안 금기시되어 왔다는 사실은 사회가 여전히 이 과정을 여성만의 개인적인 경험으로 치부하고 있음을 잘 보여준다. 한편, 임신과 출산은 사망과도 밀접한 관계가 있었다. 〈바람과 함께 사라지다〉의 클라이맥스라 할 수 있는 멜라니의 죽음을 보자. 역시나 헤이즈 코드의 영향으로 멜라니의 죽음은 매우 고요하고 엄숙하게 묘사된다. 임신이 사망의 직접적인 원인이라는 점을 눈치채기 어려울 정도다. 멜라니가 두 번째 아이를 출산하지 못하고 죽었기 때문에 스칼렛은 레트에 대한 마음을 깨닫게 되지만, 레트는 스칼렛이 드디어 애슐리를 차지하게 되었다고 생각해 그녀를 떠난다. 멜라니의 죽음을 그저 이야기를 끝어나가기 위한 도구로만 볼 수 있을까? 그렇지 않다. 인종과 관계없이 실제로 수많은 산모가 임신이나 출산 중에 사망했기 때문이다.

19세기에는 전 세계적으로 출생아 10만 명당 모성사망비

(maternal mortality)가 500명에서 1,000명에 달했다. 모성사망비 [(모성사망자 수/출생아수)*100,000]는 태어난 아이 10만 명당 임신, 출산과 관련한 임산부의 사망 수를 뜻하는데, 지난 수십 년 동안 이 비율은 극적으로 낮아졌다. 한국의 예를 들자면, 출생아 10만 명당 모성사망비는 2011년 17.2명을 기록한 후, 2012년에는 9.9명, 2017년에 7.8명으로 줄어들었다. 미국은 한국보다 모성사망비가 높아서, 2016년의 17.3명(출생아 10만 명 당)을 비롯하여 매년 15명~17명 정도를 기록하고 있다.

미국의 경우, 가장 두드러지는 사항은 인종/민족별 모성사망비이다. 2014년~2017년 통계에서 모성사망비가 가장 높은 집단은 '히스패닉이 아닌' 흑인으로 41.7명에 달했다. '히스패닉이 아닌' 미국 인디언/알래스카 원주민이 28.3명으로 뒤를 이었고, '히스패닉이 아닌' 아시아/태평양 섬주민이 13.8명, '히스패닉이 아닌' 백인은 13.4명, 그리고 히스패닉이나 라티노가 11.6명으로 가장 낮은 모성사망비를 기록했다. 영국에서도 흑인 여성의 모성사망률은 백인 여성보다 몇 배나 높다. 흑인 여성이 고통을 더 잘 참으며 아이를 더 쉽게 낳는다는 편견과 의료 서비스 접근성의 저하로 적절한 치료가 제때 행해지지 않았기 때문일 것이다. 이처럼 인종에 따라 임신과 출산 경험에 차이가 있다는 사실, 그리고 여전히 아이를 낳다가 죽는 여성들이 있다는 사실은 잘 알려져 있지 않다.

할리우드에서만 여성의 임신과 출산이 감춰졌던 것은 아니다. 한국의 대중매체가 임신부의 D라인을 전면에 드러내기 시작한 것도 그리 오래되지 않았다. 이제 임신의 공개가 어느 정도 용인되는 분위기지만 아직도 영화 제작 발표회나 인터뷰 등에서는 배우가 임신 사실을 감추고 끝까지, 심지어는 위험한 촬영에도 몸을 사리지 않고 임했다는 사실이 자랑거리이자 홍보의 중심이 되고 있다. 이런 상황에서 미혼 여성 연기자의 연기력을 시험하기 위한 가장 좋은 설정 중 하나가 출산 장면이 된 것은 아이러니가 아닐 수 없다. 출산한 지 몇 시간 만에 멀쩡하게 퇴원해서 집으로 향하는 백인 여성의 이미지나 아이를 낳자마자 체중 감량에 돌입하는 많은 한국(아마도 전 세계) 여성의 모습, 그리고 쉽게, 고통 없이 출산한다는 편견에서 여전히 벗어날 수 없는 흑인 여성의 고초도 대중매체를 통해 지속적으로 퍼져나가고 있다. 어쩌면 우리 사회에서는 20세기 전반기의 헤이즈 코드보다 더 강한 통제와 제재가 임신과 출산의 특정 모습만을 선별하여 대중의 입맛에 맞게 전시하고 있는지도 모른다. 최근들어 여러 영화와 드라마에서 출산 장면을 적나라하게 드러내고 있기는 하지만, 이것이 현실의 충실한 반영인지 시청자 유입을 위한 상술인지 밝히려면 앞으로 더 심도 있는 논의가 필요할 것이다.

잠깐이었지만 〈바람과 함께 사라지다〉의 퇴출은 의미 있는 변화를 상징한다. 오랫동안 전 세계에서 사랑받아 온 대작을 재해석하고 재 관람하는 과정은 사회의 변화를 반영하는 동시에 인종관계나 임신, 출산처럼 당연하게 받아들였던 일상의 편린을 돌아보게 한다. 다양한 역사적 해석과 이해가 동반된다면 예술적 가치는 여전히 존중될 수 있지 않을까? 비단 예술 작품만이 아니라 역사의 한 텍스트로도 영화는 그 의미가 크다. 그리고 새로운 배움과 해석의 가능성은 늘 우리 곁에 있다.

04

고통은 통증과 다르다
– 〈그녀의 조각들〉의 가정 분만 사건을 중심으로

김현수(경희대학교 인문학연구원 HK+통합의료인문학연구단 HK연구교수)

〈그녀의 조각들〉

영화 〈그녀의 조각들(Pieces of a Woman)〉은 헝가리 출신 코르넬 문드럭초(Kornél Mundruczó) 감독이 연출하고 마틴 스코세이지(Martin Scorsese)가 총괄 제작한 작품이다. 2020년 9월 4일 77회 베니스국제영화제(Venice International Film Festival)를 통해 처음 상연되었고, 동 영화제에서 극중 여주인공 마사 와이스(Martha Weiss)를 열연한 바네사 커비(Vanessa Kirby)가 그 연기력을 호평받으며 여우주연상인 볼피컵(Volpi Cup for Best Actress)을 수상했다. 2020년 12월 30일 미국에서 먼저 개봉한 이후, 2021년 1월 7일에 넷플릭스를 통해 전 세계에 개봉했다.

영화는 상실에 의한 고통을 다룬다. 그 고통은 통증과 다르며 양적 정도로 헤아릴 수도 없다. 상실에 의한 고통을 다루고 있음에도 영화의 전개는 극적인 긴장감을 보여줌으로써 그것을 극대화하기보다는 오히려 마지막까지 덤덤하다. 이 글에서는

영화 〈그녀의 조각들〉을 동적 텍스트로 간주하고 독해하고자
한다. 즉 글을 떠받치는 1차적이며 기본이 되는 텍스트를 〈그녀
의 조각들〉을 구성하고 있는 대사와 효과음, 장면들로 간주하
고 특히 전자에 의거하여 내용을 전개할 것이다.

예상과 다르게 전개되는 가정 분만

가정 분만을 결심한 마사와 그녀의 남편 숀(Sean)은 첫 아이
의 출산을 앞두고 있다. 분만 장소로 병원이 아닌 가정을 선택
한 이유는 제왕절개나 진통촉진제를 투여해 분만을 유도함으로
써 아기가 세상 빛을 보는 때를 인위적으로 조작하고 싶지 않았
기 때문이다. 이는 작품 후반부 "아기가 나오고 싶을 때 나오게
해 주고 싶었거든요"라는 마사의 법정 증언을 통해 확인할 수
있다.

이러한 이유 외에도 부부가 조산사의 도움을 받아 가정에서
분만을 하고자 결심했던 데에는 다음과 같은 점이 작용했을 것
이다. 첫째는 자신들에게 특별한 문제가 일어나지 않으리라는
막연한 믿음이다. 물론 이는 그러한 문제가 일어나지 않았으면
좋겠다고 바라는 막연한 기대와 불가분적으로 엮여 있다. 둘째

는 혹 문제가 일어나더라도 구급차로 전문 기술과 장비가 갖춰진 병원에 감으로써 분만 후에 산모와 아기 모두 건강할 것이라는 합리적이며 의식적인 고려이다. 특히 후자와 관련하여 부부는 그러한 고려가 초래할 행복한 미래에 도움을 줄 이로 조산사로서 자격이 충분하다고 판단한 바버라(Barbara)를 예정하고 있었다.

그러나 진통 주기가 6분 간격으로 점점 빨라져 출산의 임박을 감지한 마사가 바버라에게 연락을 취했을 때, 상정했던 것과는 다른 일들이 전개되기 시작한다. 산모 모임에서 들은 '예상했던 것과 완벽하게 맞지 않을 수도 있어요.' '계획과 다른 경우가 생길 수도 있죠'와 같은 바로 그러한 상황이 말이다. 여러 번의 시도 끝에 겨우 전화 연결이 되었을 때, 바버라는 다른 산모의 분만을 돕는 중이었다. 한 걸음에 달려와서 분만을 도와야 하는 바버라가 그럴 수 없는 처지에 놓여있는 것이다. 언제까지 도착할 테니 어떤 징후가 있으면 어떻게 하고 있어야 한다는 등 구체적 조언은 고사하고, 어떻게든 견디고 기다리라는 기대도 안 겨주지 않는다. 대신 바버라와 통화를 한 남편의 입을 통해 다른 조산사인 에바(Eva)의 이름이 나온다. 마사는 손에게 자신도 분만 중이라며 바버라와의 직접 통화를 요구한다.

마사가 자신의 급한 상황을 이유로 바버라가 분만을 돕고 있을 미지의 산모를 방치하고 달려와 자신의 분만 또한 돕기를 욕심내는 것은 아니다. 예상과는 다르게 흘러가는 자신의 상황이 빚어내는 막연한 불안 속에서, 특히 출산과 관련한 전문 의료 지식이 없는 일반인으로서, 그리고 초산자로서 자신이 맞닥뜨린 난관을 헤쳐 나갈 수 있도록, 도움의 손길을 줄 든든한 후원자를 간절히 원하는 것 이상도 이하도 아니다. 마사는 바버라의 도착이 언제쯤일지, 직접 통화한 남편은 달리 들은 말이 없는지 질문하며 대답을 재촉한다. 숀은 그런 아내를 진정시키고자 애를 쓴다. 눈앞에 펼쳐진 불안에서 잠시라도 눈을 돌리고자 정신 팔 만한 무언가가 필요하다고 말하는 마사를 위해 브로콜리가 가장 좋아하는 음악은 브로큰롤이고, 브로콜리가 술을 마시는 곳은 샐러드 바라는 농담을 섞어 가며 말이다.

이러한 시간도 잠시. 상황이 급변하여 마사의 양수가 터진다. 그녀는 산통과 함께 심한 메스꺼움, 구토감에 괴로워한다. 그러나 유일하게 곁에 있는 남편이 줄 수 있는 도움은 심리적 위로와 등을 문질러주는 일 정도로 괴로움의 이유에 대한 설명도, 더욱이 그 해소를 위한 직접적이며 의료적인 것들도 아니다. 누군가의 방문을 알리는 초인종이 울린다. 그러나 도착한 이는 기다리던 바버라가 아닌, 아까 남편의 입을 통해 이름을 전해 들었던 조산사 에바 우드워드였다. 예정했던 조산사 바버라가 다른 산모의 곁을 떠날 수 없어 당장 도착할 수 없는 상정 외의 상황에 이어 예정하지 않았던 조산사 에바가 찾아오고 남편이 맞이하는 상황이 이어진다. 예정대로 진행되는 것은 가정 분만일 뿐이다.

바버라의 상황을 확인한 최초의 통화로부터 마사의 양수가 터진 이후, 에바의 도착 직전까지 가정 분만의 결심을 포기하고 구급차를 불러 병원 행을 택하는 일이 불가능하지는 않았을 것이다. 이미 출산이 임박한 터라 가정 분만을 결심한 직접적 이유인 아기가 세상 빛을 보는 때를 인위적으로 조작하고 싶지 않다는 원칙을 위배하지도 않기 때문이다.

여전히 바버라가 도착한 줄 아는 마사와 대면하는 에바. 산모의 상태를 확인하고 그녀가 느끼는 신체적 증상의 이유를 설명하면서 바버라 대신 자신이 온 상황까지 수긍시켜야 하는 에바와 극심한 산통과 메스꺼움을 호소하는 마사의 대화가 조금 겉돈다. 이런 상황을 다시 정리하듯, 에바는 '세상이 꼭 원하는 대로 되진 않잖아요'라는 말에 이어 자신은 여기 와서 기쁘고 곁에 있어 주겠다는 말로 신뢰를 구축하고자 한다.

바로 진통 주기가 6분 이내로 짧아지고 극심한 산통이 다시 찾아온다. 산모의 호흡조절을 유도하고 아기의 심박수를 확인한 에바는 자궁 경관을 촉진한 뒤, 분만이 시작되었음을 알린다. 이어 산모가 욕조에 몸을 담그게 하여 한 차례 분만을 시도한 뒤, 다시 침실로 이동하여 분만을 진행한다. 자궁 경관이 완전히 열렸음을 알리며 힘을 주라고 지시한다. 나올 듯 쉽게 나오지 않는 아기. 에바는 산모의 누운 자세를 바꾸게 한 후, 재차 힘을 주라고 지시한다. 여전히 아기는 나오지 않는다. 다시 확인한 아기의 심박수가 정상 범주에 속하긴 하나 필요한 만큼 올라오지 않는다. 에바는 다음 몇 번의 진통에서도 같은 상태면 병원으로 옮겨 지원을 받아야 할 가능성이 있음을 손에게 알린다. 상황을 다시 아내에게 설명하는 남편과 그런 남편을 향해 엄마를 찾으며 병원엔 가지 않고 집에서 아기를 낳겠다는 마사의 대화 뒤에 에바는 이번 진통 때 있는 힘껏 밀어 보라고 지시한다. 아기의 머리가 보임에도 분만이 성공하지 못한다. 상황을 확인한 에바는 급히 911에 연락해 가정 분만 중이며 아기가 위험한 상황임을 알리라고 남편에게 지시한다. 통화가 끝난 뒤에도 마사에게 심호흡과 힘줄 것을 계속해서 요구하는 에바. 몇 번의 외침 끝에 아기가 나왔다. 조용했던 아기는 에바의 조치에

우렁찬 울음을 터뜨린다.

엄마의 품에 안겨 축복을 받는 아기. 안도의 상황은 지극히 짧다. 잠시 거울을 통해 축복의 장면을 지켜보던 에바가 갑자기 몸을 돌려 아기가 숨을 쉬지 않는다며 아기를 받아 처치를 시행한다. 구급차의 접근을 알리는 작은 사이렌 소리가 들려오자 에바는 구급 요원들을 불러오라 급히 지시한다.

영화 속 사실 정보를 객관적으로 전달하고자 의도된 24분에 달했던 롱테이크의 장면이 끝나고, 한쪽 슬리퍼가 벗겨진 채 현관 밖으로 달려나간 남편이 말을 전하자마자 집안으로 돌아간다. 큰 사이렌 소리와 함께 화면을 가득 채운 구급차의 모습으로 상황의 위급함을 암시한다.

계속해서 조각나는 마사

영화의 제목 〈그녀의 조각들(Pieces of a Woman)〉에 대해 이야기해 보자.

그녀로부터 떨어져나가거나 분리된 조각들의 의미를 탐색하는 데 우선적으로 고려할 수 있는 것은 가정 분만 직후 잃은 아이의 존재일 것이다. 아이와 엄마의 관계를 보는 관점에 따라서 그녀의 신체 일부분에 불과한 아이를 조각으로서 그녀가 잃었다고 이해할 수도 있으며, 그녀와 불가분의 관계에 있는 온전한 생명 존재인 아이를 조각으로서 그녀가 잃었다고 이해할 수도 있다. 두 가지 이해는 낙태 문제를 다루는 윤리적 논의에서 쉽게 볼 수 있는 대립된 입장들과 연관되어 있기도 하다. 사건의 발생 시점이 출산 직후이기에 임신부의 자궁 속에 있는 태아의 생명을 인공적으로 중단시키는 낙태와 상황의 차이는 있다. 그럼에도 영화 속 출산 직후의 아기가 여전히 탯줄로 산모와 연결된 상태에서 갑자기 사망에 이른 점을 고려한다면, 해당 이해를 확대하여 적용할 가능성은 있다.

이러한 이해들과는 다르게 가정 분만의 사건이 그녀를 조각낸 것이 아니라, 이후의 전개 속에서 그녀가 조각났다고 볼 수도 있다. 다음의 내용들은 그러한 관점이 더 설득력 있는 이유를 보여준다.

첫째, 영화 앞부분 24분을 할애한 롱테이크의 장면이 끝난 후, 영화의 제목 'Pieces of a Woman'이 화면에 나타난다.

둘째, 9월 17일 가정 분만 사건 후에 10월 9일 직장으로 복귀한 그녀는 직장 동료들의 동정어린 시선을 느껴야 하는 외에도, 출산 이후 일어난 신체의 변화로 기저귀를 찬 채 출근해 생활하거나 새어나오는 모유 탓에 스웨터가 젖어 버려 타인의 시선 또한 신경을 써야 한다.

셋째, 식료품점에서 만난 어머니 친구 주디스(Judith)에게 붙잡혀 20분 동안 입방아에 오르기도 한다.

넷째, 아이의 사망으로 조산사에 대한 형사 소송이 진행 중이지만, 부검까지 진행했음에도 의학적으로 아이의 확실한 사인은 밝혀지지 않는다.

다섯째, 11월 7일 사망한 아이의 가족묘 안장 준비를 위해 묘비석의 스타일을 고르러 갔다가 먼저 만들어진 묘비 문구를 보고 아이의 이름이 '이베트(Yvette)'가 아닌 '이베트(Ivett)'로 잘못되어 있음을 확인한 마사가 따지지만 친정 엄마와 남편은 모두별 것 아닌 사소한(small detail) 것이라 치부한다.

여섯째, 친정 엄마의 요청과 그에 응한 남편에 의해 조산사에 대한 형사 소송과 별도로 민사 소송이 추진된다. 마사의 반대는 계속되지 못하고 끝내 아내의 사촌이자 변호사인 수잰(Suzanne)이 형사 소송과 민사 소송을 함께 맡아 진행하기에 이른다.

이 외에도, 영화는 마사와 남편 숀 그리고 친정 엄마와의 갈등과 대립을 계속해서 보여준다. 가정 분만 사건 이전, 마사와

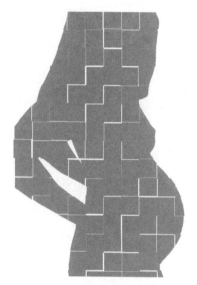

그녀의 균열

남편 숀은 행복했던 관계였다. 딸 이베트 또한 건강하게 태어나 그 중요한 가족의 일원이 되었어야 할 터였다. 친정 엄마와 남편의 사이가 원만하지 못하긴 했어도 표면화된 큰 갈등은 없었다. 그러나 이러한 관계들은 사건 이후 뒤틀리며 갈등은 표면화된다. 첫 아이를 잃은 그녀가 그 상실을 충분히 느끼고 드러내며 주변에서 그녀의 고통을 어루만져 주는 시간은 영화 속에서 부재한다.

마사가 비록 극중 여주인공이라 할지라도, '그녀'는 피자처럼 6조각이나 8조각으로 나눌 수 없다. 그럼에도 적어도 위의 내용들은 그녀가 가정 분만 사건 이후에 조각나고 있음을 보여준다. 가정 분만으로 아이를 잃은 일은 그녀를 조각낸 혹은 그녀가 조각나도록 완결시킨 사건이 아니다. 그것은 조각화를 초래한 균열이었고 사건 이후 마사가 조각나도록 한 주요한 원인이었을 뿐이다.

통증과는 다른 고통

마사가 직장에 복귀한 날, 그녀의 자리에 앉아있던 동료가 켜두었던 모니터에서 다음과 같은 말이 흘러나온다.

우린 이제 시간을 들여 뭔가를 하지 않아요. 시간을 들여 먹거나 삶에 감사하지도 않죠.

극중 주요 인물의 입에서 나온 말도 아니거니와 두 사람 사이에 오갔던 짧은 대화의 분위기를 봤을 때, 상대방은 친분도 없는 직장 동료였다. 그런 상대방이 자리를 비우고 그녀가 자신의 자리에 앉았을 때, 켜져 있던 모니터에서 그저 마침 흘러나온 효과음일 뿐이다. 그럼에도 위의 말은 가정 분만 사건을 통해 소중한 첫 아이를 잃은 이후에 너무도 달라졌을 마사와 숀의 현재를 암시한다. 한편 역으로는 그들이 시간을 들여 무언가를 하고, 시간을 들여 먹고 삶에 감사하던 과거의 행복한 때가 있었음을 보여준다. 달리 말해, 행복했던 과거와 다른 마사의 현재가 그녀의 고통스러움을 보여준다.

시간을 들여 무언가를 하지 않고, 시간을 들여 먹지도 삶에 감사하지도 않는 것은 통증의 개념으로는 설명할 수 없다. 고통의 개념으로 설명할 수 있을 뿐이다. 고통(suffering)은 통증(pain)과 다르기 때문이다.

통증이 특히 신체에 연관되고 있다면, 고통은 그것을 넘어 정신, 사회적 관계 때로는 영적(spiritual) 측면에서도 일어난다. 또한 전자가 1에서 10까지 가운데, 어디에 해당하는지 찾아내는 것처럼 양적 정도를 헤아려 객관화 가능하다고 이해하는 반면, 후자는 그럴 수 없다고 이해한다. 즉 고통은 양(quantity)이 아닌 질(quality)과 관련되며 주관적 영역에 속한다.

셀딘(Donald Seldin, 1920-2018)은 의학을 질병 치료에 유용한 신체 지식으로 간주한다. 그는 의학을 질병 치료와 예방 그리고 죽음의 지연에 적용되는 생물학으로 정의하는데, 의학의 정의에 대한 가장 일반적 접근법이기도 한 이러한 입장을 생의학 (biomedical) 모델이라 한다. 생의학 모델의 의학 정의에 따르면, 의사의 지식 토대 영역 안에는 생물학, 화학, 물리학은 존재하지만, 사회적 관심, 심리사회적 요소 그리고 생명윤리는 자리하지 않는다. 달리 말해, 인간은 생물학, 화학, 물리학의 측면에서 이해될 뿐이다.

생의학 모델은 기계론적 시스템에 바탕을 두고 있다. 기계론적 시스템은 부분의 총합은 전체와 같다고 이해한다. 이러한 이해에 따르면, 각 부분은 기계적으로 결합되어 있을 뿐이다. 이에 어떤 부분이 다른 것으로 대체되더라도 동일하거나 유사한 기능을 수행할 수 있다면, 다른 부분들 그리고 전체에 문제를 일으키지 않는다고 본다. 결국 기계론적 시스템에 바탕을 둔 생의학 모델은 인간을 기계처럼 인식한다. 기계와 같은 인간의 신체는 장기와 같은 각 부분으로 분해할 수 있다. 즉 인간 몸의 각 부분 또한 기계처럼 새것으로 대체하거나 교환할 수 있다는 사고가 가능해진다.

인간은 생물학적 존재에 머무르지 않으며, 기계로 이해할 수도 없다. 자연이 일정한 물리적 법칙에 따라 운동하는 물체로 가득한 기계론적 세계임을 보여주고자 동물도 인간의 신체도 자동기계라 했던 데카르트(René Descartes, 1596-1650)는 끝내 인간에 대해 물체의 세계를 정확하게 추론하는 이성적 능력의 원천인 정신 실체를 결부시킬 수밖에 없었다.

시간을 들여 무언가를 하지 않고, 시간을 들여 먹지도 삶에 감사하지도 않게 된 마사와 그녀의 상태에 대해, 생물학적 존재나 기계 그리고 신체와 연관되는 통증이 아닌 다른 존재성의 개념 그리고 고통의 개념으로 접근해야 하는 이유이다.

의철학(philosophy of medicine)의 선구자 가운데 한 사람이자 현대 의료윤리학(medical ethics)의 아버지로도 평가받는 펠레그리노(Edmund Pellegrino, 1920-2013)는 『의철학의 재탄생(The philosophy of medicine reborn)』에서 질환(illness)에 의한 손상에 대해 "병든 사람들(즉, 중상, 부상, 장애 등 그들이 '질환'으로 간주하는 어떤 사건을 경험한 사람들)은 그들의 전 존재(whole being)에 대해 손상을 입는다"(Pellegrino 2008: 94)거나 "그들은 인간으로서 가장 온전한 그들의 존재 측면에 일련의 깊은 손상을 경험한다. 질환의 사건 때문에, … 그들의 온전성(즉, 자기-이미지)은 부서지거나 최소한 위협 받는다"(Pellegrino 2008: 94)고 말한다. 이러한 이해에 따르면, 질환의 경험은 그들의 '전 존재' '온전성' 혹은 '자기-이미지'를 부수거나 위협하는 손상을 끼친다. 같은 의미로 언급되고 있는 세 개념은 그가 인간을 기계론적 시스템과는 다른 지평 위에서 이해하고 있음을 보여준다. '전 존재'의 '전체(whole)'가 내적 구조이자 기능, 특유의 내적 관계들이자 특성이나 본성으로서 내재성을 지닌다는 것을 의미하고, 펠레그리노는 인간의 존재성을 그러한 개념을 통해 드러내고 있기 때문이다. 이는 결국 그가 인간이라는 전체를 장기와 같은 각 부분의 총합 이상으로 이해하고 있다는 말과 같다. 또한 'integrity'의 역어인 '온전성'은 부분의 손실, 손상과 같은 결함이 없는 완전함(complete)이나 전체 혹은 좋은 상태의 존재의 질(quality)을 의미한다. 따라서 그가 '온전성'과 함께 제시한 '자기상(自己像)'으로서의 '자기-이미지' 또한 '전 존재'와 마찬가지로 같은 의미이며 질환의 경험이 이들에 대해 부수거나 위협하는 손상을 끼친다는 말임을 알 수 있다.

펠레그리노의 이해를 마사에게 적용해 보자.

친정 엄마 엘리자베스(Elizabeth)와 남편 숀의 사이는 표면적으로는 원만하다. 엘리자베스는 출산을 앞둔 딸 부부를 위해 사위에게 새 차를 선물하기도 하는, 그래서 마사의 언니가 질투하기도 하는 인물이다. 그럼에도 남편은 장모가 자신을 얕보고자 미니밴을, 그녀의 영혼과 같은 회색으로 골라 사줬다고 아내에게 말할 정도로 둘 사이에는 보이지 않는 갈등이 엿보인다. 그런 갈등을 마사 또한 모를 리 없다. 이런 탓에, 마사와 특히 숀에게는 자신들과 곧 태어날 첫 아이를 포함한 셋이 중요하다(matter). 아기가 세상 빛을 보는 때를 인위적으로 조작하고 싶지 않았다는 가정 분만 선택의 이유 또한 그처럼 중요한 새 가족을 위한 배려이자, 존중이었을 것이다.

친정 엄마와 남편과의 사이에 완벽한 관계가 형성되어 있지는 않다. 그럼에도 마사는 그러한 관계들 속에서 자신의 '전 존재' '온전성' 혹은 '자기-이미지'를 보전하고 있다. 물론, 그 안에 불안정하지만(Wonky), 관심 덩어리(interesting)에, 매력 넘치고(charming), 똑똑하며(intelligent), 겸손한(modest) 곧 태어날 딸 또한 포함해서 말이다. 마사의 '전 존재' '온전성' 혹은 '자기-이미지'는 한 개인으로서 마사의 그것이기보다는 위와 같은 하나의 관계 자체로서 보아야 할 것이다. 이는 인간은 관계 안에서 정의된다는 관계 존재론(relational ontology)에 기초하여 배려 윤리를 주장한 나딩스(Nel Noddings, 1929-)의 주장을 상기시킨다. 박병춘(2010: 130)에 따르면, 관계 존재론에 기초한 배려 윤리에서 '나'란 끊임없이 관계 안으로 들어가려는 한 개인으로서의 내가 아니라 하나의 관계 자체로서의 '나'이기 때문이다.

마사는 가정 분만 사건을 통해 소중한 첫 아이를 잃었을 뿐만 아니라, 그녀의 '전 존재' '온전성' 혹은 '자기-이미지'에 손상을 입는 질환을 경험한 것이다. 이 질환의 경험은 이후 마사가 조각나도록 한 주요한 원인으로 작용하며 엘리자베스, 손과의 갈등 증폭과 더불어 그녀를 더욱 고통스럽게 한다.

온전성의 회복을 위한 치유

영화의 엔드 크레딧이 올라오는 직전 장면에 이르러 사과가 가득 열린 나무 위에 올라 열매를 따 먹고 있던 어린 소녀 루시(Lucy)와 그런 루시를 불러 저녁 식사를 위해 데리고 가는 마사의 모습이 등장한다. 이를 통해 그녀가 이전의 고통스럽던 때와는 달라졌음을 알게 한다. 다만 수잰과 불륜을 행했던 남편 숀은 이전부터 그를 탐탁지 않게 여기던 엘리자베스가 마사에게 돌아오지 않는 대가로 준 돈을 받고 떠났기에, 루시가 마사의 새 연인이나 남편과의 사이에서 얻은 아이인지 아니면 입양을 통해 얻은 아이인지 정확한 파악은 어렵다. 게다가 이 장면의 앞선 장면에서는 그녀가 다리 위에서 유골함에 담긴 아이와 이별하던 터라 마사가 이전의 고통스럽던 때와 달라졌다고 말할 수는 있을지언정, 그녀의 고통이 치유되었다는 느낌을 받기는 쉽지 않다. 아마도 마사는 여전히 치유의 과정 중에 있다고 보는 편이 더 설득력 있을 것이다.

때로 치유는 시간이 흘러가면서 자연스럽게 이루어지기도 한다. 반면, 치유를 위해 고통을 딛고 일어서고자 하는 노력이 동반되어야 하는 경우도 있다. 마사의 경우는 후자에 해당한다.

엘리자베스와 숀이 조산사 에바를 상대로 한 소송을 준비하는 과정에서 마사는 남편이 자신이 아닌 친정 엄마와 한 팀이 되었다며 고립감을 토로한다. 이런 상황에서 그녀는 사과의 씨앗을 발아시키는 일에 몰두한다. 그녀에게 사과는 건강하게 태어났어야 할 그들의 딸 이베트를 상징하기 때문이다. 영화 후반부 조산사 에바의 과실치사 재판 장면에서 기소 측 증인으로 선

결실을 맺는 과정으로서 마사의 사과
(via Wikimedia Commons)

마사가 '태어난 지 얼마 안 된 아기를 안았을 때 어땠나요?'라는 질문에 "사과 향이 났어요"라고 말하는 답변은 그녀의 행동 이유를 충분히 짐작하게 한다. 잃어버린 딸을 되살릴 수는 없다. 그것은 마사도 잘 알고 있다. 그녀는 잃어버린 딸의 대체물로서 씨앗을 발아시켜 사과를 얻고자 하는 것이 아니다. 마사는 가정 분만 사건을 통해 소중한 첫 아이를 잃었을 뿐만 아니라, 그녀의 '전 존재' '온전성' 혹은 '자기-이미지'에 손상을 입는 질환을 경험한 것이기에, 씨앗을 발아시켜 사과라는 결실을 맺는 과정으로 이전 질환의 경험을 건강한 경험으로 새롭게 쓰고 고통을 딛고 일어서고자 하는 것이다. 위에서 언급한 영화 마지막 장면의 사과가 가득 열린 나무 위에 올라 열매를 따 먹고 있던 어린 소녀 루시는 마사의 고통을 딛고 일어선 노력의 결과에 다름 아닐 것이다.

조산사 에바의 과실치사 재판의 휴정 전후 장면에서 마사가 보여주는 두 가지 상반된 태도에 주목할 필요가 있다. 해당 재판에서 에바의 과실치사 혐의가 인정되면 최소 25년형에 처해질 상황이다. 오전 재판에서 마사는 기소 측 증인으로서 수잰의 질문이나 피고 측 변호인 레인(Lane)의 반대 질문에 답하기 위해 기억을 끄집어낸다. 기억을 더듬고 헤집어 나온 잃어버린 딸 이베트는 마치 에바의 과실, 위법, 살인 여부를 증명하기 위해 세상에 나왔던, 법리를 다투기 위한 도구처럼 전락한다. 휴정 시간에 마사는 언니 아니타(Anita)가 이전에 사진관에 대신 맡겼던, 가정 분만 때 남편 손이 찍었던 사진의 인화물을 확인하고 절규한다. 재개된 오후 재판의 도중에 법정에 들어선 마사가 재판장과의 직접 대화를 요청한다. 재판장은 드문 경우이긴 하나, 무슨 얘기인지 듣고 싶다며 모두에게 얘기할 것을 허락한다.

이 여자는…

고의로 제 딸을 해친 게 아니에요.

그날 밤 건강한 아이를 받아 내고 싶어 했을 뿐이죠.

에바 당신의 잘못이 아니에요.

그녀의 잘못이 아니라고 생각해요.

그리고 고마워요.

사건엔 원인이 있겠지만, 그걸 여기서 찾진 못할 거예요.

만약 제가 여기서 보상이나 돈을 요구한다면, 전…

보상을 받는대도 내겐 보상이 되진 않아요.

아기를 다시 데려올 순 없으니까요.

돈, 평결, 형량 같은 게…

뭘 다시 데려올 수…

어떻게 이 고통을 다른 누군가에게 건넬 수 있겠어요?

이미 고통 받는 누군가요?

아기도 그런 건 원치 않을 걸 알아요.

전혀요.

그건 제 딸이 이 세상에 나왔던 이유가 아니에요.

마사의 발언으로 재판은 종료된다.

마사는 아이를 잃은 자신의 고통을 다른 누군가에게 건넬 수 없고 그러해서는 안 됨을 안다. 비록 고통을 떠넘기는 일이 가능하고 더욱이 이미 고통받는 누군가라 할지라도, 그런 상대방에게 '기왕 고통스러운 거 조금 더 고통스러울 뿐이야'라고 말하며 자신의 행동을 정당화하지 않고자 하는 것이다. 이런 선택은 그녀가 원하는 행동이 아니며, 그녀의 '전 존재' '온전성' 혹은 '자기-이미지' 안에서 되찾은 이베트도 원하는 바가 아니기 때문이다. 어쩌면 그녀를 낳은 마사조차도 세상에 나오자마자 자신의 품에 안긴 딸의 사진을 보며 그 순간을 상기하기 전에는 잊고 있었던 사실일 것이다. 엘리자베스의 조언대로, 과거는 잊고 앞으로 나아가기 위해 꼿꼿이 머리를 들고 맞서 싸우는 일에만 전

넘하고 있었을지도 모르기 때문이다.

자신의 행동 이유와 이베트가 세상에 나왔던 이유를 설명하는 마사의 태도는 목적론적(teleological) 입장에 서 있다. 첫째는 분명하게 제시하고 있지는 않으나, 딸이 세상에 나왔던 이유가 에바의 과실, 위법, 살인 여부를 증명하기 위함이나 마사의 고통을 다른 누군가에게 떠넘기는 것이 아니라고 보는 점에서 그러하다. 둘째는 마사 본인의 선택이 도덕적 '좋음(good)'을 목표로 삼고 있다는 점에서 그러하다. 아리스토텔레스는『니코마코스 윤리학』제1장에서 "모든 기술과 모든 탐구 그리고 마찬가지로 모든 활동과 합리적 선택은 어떤 좋음을 겨눈다고 생각된다. 그래서 좋음이야말로 모든 것이 겨누는 것이라 설명할 수 있다. 그러나 목적들 사이에는 어떤 차이가 있음이 분명하다. ⋯ 활동, 기술 그리고 학문이 많기 때문에, 마침 그만큼 많은 목적이 있게 된다. 의학의 목적은 건강이고, 조선학의 목적은 배이며, 군사학의 목적은 승리이고, 경제학의 목적은 부이다"(Roger Crisp 2000: 3)라고 말한다.

아리스토텔레스의 '좋음'은 도덕 외적인 쾌락이나 행복을 뜻하지 않으며 도덕적 '선'과 같다. 그는 인간의 모든 활동, 기술, 학문이 그러한 도덕적 좋음을 겨눈다고 말하는 것이다. 이베트가 세상에 나온 것을 인간의 활동이라는 범주에 속하는 것으로 보기는 어렵다. 그럼에도 마사가 자신의 고통을 다른 누군가에게 떠넘기지 않는 선택의 이유와 더불어 딸이 세상에 나온 이유까지 그러한 목적론적 입장에서 보여주고 있음은 부인할 수 없다.

펠레그리노는 "치유의 최상의 목적은 신체적, 정서적, 영적 등 온 사람(whole person)의 좋음이다"(Pellegrino 2008: 72)라고 말하기도 한다. 이런 점에서 마사는 가정 분만 사건을 통해 '전 존재' '온전성' 혹은 '자기-이미지'에 손상을 입는 질환을 경험하고 고통스럽게 되었지만, 그 손상을 회복하기 위해 '온 사람'의 좋음이라는 치유의 최상의 목적을 향한 걸음을 내딛고 그 노정 위에 서 있다 할 것이다.

마사는 첫 아이를 잃었고, 남편과는 헤어졌으며 친정 엄마 또한 치매(dementia) 증상을 보인다. 영화는 가정 분만 사건에 초점을 맞춰 첫 아이를 잃은 상실과 고통 그리고 고통을 온전히 자신의 것으로 수용함으로써 치유의 과정에 선 마사에 초점을 맞추고 치유를 위한 그녀의 노력과 소기의 성과 또한 보여주고 있다. 그러나 손과의 이별이나 엘리자베스의 치매로 인해 손상을 입었을 지점엔 주목하지 않으며 가볍게 지나갈 뿐이다.

05

우리 모두를 위한
'원더 윅스(Wonder Weeks)'

– TV드라마 〈산부인과〉와 〈산후조리원〉으로 본 출산의 현실

염원희(경희대학교 인문학연구원 HK+통합의료인문학연구단 HK연구교수)

최근 10년 동안 출산 문제를 전면에 내세운 두 편의 텔레비전 드라마가 방영되었다. '산부인과'와 '산후조리원'이라고 하는 출산 문화를 대표하는 지극히 전형적인 두 공간을 작품명으로 내세우면서, 그 안에서 벌어지는 사건들을 꽤 사실적으로 재현하고 있는 두 작품을 통해 한국 사회 출산 문화의 현주소를 되짚고, 대중이 소망하는 출산을 위한 새로운 담론이 무엇인지 살펴보려 한다.

사회문화적 사건으로서의 '출산'

출산은 한 여성 또는 부부관계 내에서 벌어지는 사적인 문제라 생각하기 쉽지만, 그 사회 안에서 출산의 양상과 의미가 결정되면서 '여성·배우자·태어난 아이'가 새로운 관계를 형성하게 되는 일종의 '사회문화적 사건'이라 할 수 있다.

한국 사회의 출산문화는 매우 급격한 변화를 겪어 왔다고 볼 수 있다. 60~70년대에는 '산아 제한 정책'을 시행하였다가, 2000년대부터는 저출생으로 인해 '출산 장려 정책'을 펼치게 되었을 정도로 큰 변화를 겪었다. 한국은 2002년에 합계출산율이 1.17명이 되면서 초저출산 국가에 진입하였고, 2018년부터는 합계출산율 1미만인 0.98로 낮아지는 등 급격한 변화로 인해 출산에 대한 문제의식도 심화될 수밖에 없었다.

2010년 방영된 〈산부인과〉와 2020년 방영된 〈산후조리원〉은 이러한 변화를 바탕으로 등장한 작품인데, 산모들이 겪는 출산의 현장을 현실적으로 그려냄으로써 함께 공감하는 장을 마련하려 했다는 공통점이 있다. 이 글에서는 이 두 작품을 통해 출산의 현실과 문제점을 살펴보려 한다.

초저출생 시대, 출산 문제를 다룬 TV드라마의 출현

출산은 TV드라마에 자주 등장하는 소재지만, 정작 이 문제를 중심에 둔 작품은 쉽사리 나오지 않았다. 그런 점에서 2010년 〈산부인과〉라는 드라마가 시작되면서는 작품명에서부터 드러나는 상징성이나, 드라마가 상영되는 70분 내내 출산과 관련된 사건들이 연쇄적으로 등장한다는 것만으로도 그 존재 의미는

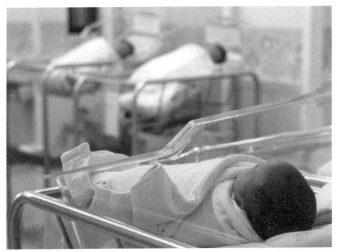

사회적 사건으로서의 출산

충분히 입증되었을 정도이다.

〈산부인과〉는 산부인과와 소아과에서 벌어지는 사건을 전면에 내세운 의학 드라마이다. 그로부터 정확히 10년 후인 2020년 방영된 〈산후조리원〉은 병원 출산의 '문제적 상황'은 물론, 그후 여성의 신체적·정신적 변화를 산후조리원이라는 친근한 공간에서 그렸다는 점에서 출산을 문화사회적 관점에서 다룬 작품으로 평가할 수 있다.

요양시설인 산후조리원은 산부인과와 함께 현재 한국 사회의 출산문화를 대표하는 장소이다. 출산의 의료와 문화를 다룬 두 드라마는 작품명에서부터 당대의 '출산' 문제를 다루겠다는 목적성을 뚜렷하게 드러내었다. 이러한 작품명이 가능했던 이유는 지금까지 출산문화를 서사의 중심에 두고 만들어진 작품이 드물었기 때문이다. 이런 면에서 두 공간이 작품명으로 등장했다는 점은 출산문화를 비판적으로 다룰만한 사회적 분위기가 형성되었음을 반증하는 것이기도 하다.

물론 이 두 드라마 이전인 1997년에 〈산부인과〉라는 동명의 영화가 상영된 적이 있다. 하지만 이 작품은 난임과 낙태라는 출산의 핵심 문제를 다루면서도, 불륜으로 인한 임신이나 1990년대 왜곡된 성의식으로 잉태된 '예쁜이 수술' 등, 특수하고 예외적인 상황을 자극적으로 묘사하기도 하였다. 이러한 점은 영화 〈산부인과〉의 다소 선정적이기까지 한 포스터를 통해서도 확인된다. 영화라는 장르의 특성상 제한된 상영시간 안에 메시지를 강렬하게 전하고자 한 의도가 반영된 결과지만, 여성의 성과 출산 문제를 자극적인 면을 부각하는 방식으로 다루었다는 점에서 아쉬움이 남는다.

산부인과의 역할: '모성'과 '여성'을 모두 돌보아야 할 책임

산부인과는 근대 서양 의료의 도입과 함께 한국 사회에 등장하였고, 1977년 의료보험제도가 정립되었던 결과로 1980년대 병원 출산이 보편화되면서 한국 사회에 자리 잡았다고 볼 수 있다. 산부인과의 의료 영역은 임신과 분만을 다루는 '산과'와 여성의 생식기와 관련된 질환을 치료하는 '부인과'로 구성된다. 텔레비전 드라마 〈산부인과〉에서는 출산 문제와 동일한 비중으로 부인과적 상황을 다룸으로써 이 분야의 대중적 이해를 도모하고 있다는 점이 특징적이다.

〈산부인과〉에서 재현한 부인과적 문제 상황에서 가장 흥미로운 사건은 3화에서 등장하는데, 난소는 있으나 선천적으로 질과 자궁이 연결되어 있지 않은 MRK신드롬(Mayer-Rokitansky Syndrome) 환자 사례다. 결혼을 앞둔 한 여성은 약혼자와의 성관계에 장애를 겪고 커플이 함께 병원을 찾았다가 청천벽력과 같은 진단을 받는다. 자신의 질과 자궁이 완전하지 않다는 것. 이 문제를 해결하기 위해 일종의 트렌스젠더가 하는 '질 재건 수술'을 해야 한다는 의사의 설명에 여성은 절망하지만, 결국 수술을 수용한다. 문제는 자신이 아이를 가질 수 없는 상황이라는 점을 알게 되었기에 약혼자와는 이별을 택하게 된다.

또한 드라마에서는 특수하지만 현실에 존재하는 부인과 질병으로, '정액 알레르기'를 가진 주부의 사례를 재현한다. 이는 흔한 질병이지만 잘 알려지지 않은 사례를 다루어 부인과적 증상을 느껴도 이를 드러내지 못하는 사회적 분위기를 환기하기에 적절한 에피소드였다. 하지만 이를 제시하는 방식이 다소 흥미 위주로 이뤄졌다는 점은 아쉬움으로 남는다. 또한 이와 같은 부인과적 상황을 3화에 배치한 것은 드라마 초반에 산부인과의 의료 영역을 각인시키는 역할을 하였다.

이 작품은 무엇보다 산부인과의 사회적 역할에 대한 고민을 담으려 하였다. 한국 사회에서 산부인과에 대한 편견은 상당 부분 성에 대한 보수성과 이해 부족에 기인한다. 이런 점은 특히 청소년의 성 문제를 맞닥뜨리게 되면서 좀 더 극명하게 드러난다. 8~9화에서는 서혜영이 고등학교에서 성교육을 하는 장면을 시작으로 한국 성교육의 보수성과 청소년 임신 문제를 다룬다.

산부인과 의사인 서혜영은 우연히 고등학교 성교육을 맡게 되는데, 기존에 이루어졌던 '정신교육'이나 '순결교육'이 아니라 실제적으로 도움이 될 수 있는 '피임교육'을 시도한다. "기다렸다 갖는 아이는 축복이지만, 원치 않은 임신은 위험하다."며 콘돔을 활용하는 남성 피임의 방법과 여성 피임약의 효과를 소개하는 장면이 드라마에서 꽤 오랫동안 묘사된다. 여기에 네덜란드의 '더블 더치(Double Dutch)'라는, 남녀가 모두 피임하는 문화를 거론하거나, 에이즈에 걸렸을 때 하루 세 번씩 평생 먹어야 하는 약의 양을 실제로 보여주는 등 일반 가정에 노출된 텔레비전 드라마를 통해 재현함으로써 드라마와 같은 영상매체가 가진 사회적 역할을 하려 했다고 평가할 수 있다. 사회적, 교육적으로 실제적인 성교육의 필요성은 인정하지만 현실적으로 그러한 시도가 쉽지 않았다는 점에서, 드라마 제작진의 이러한 시도는 당시 꽤 공감을 불러일으켰다고 볼 수 있다.

게다가 성교육은 청소년의 혼전 임신, 출산 이후 입양에 이르는 사회적인 문제로 연동된다. 10대의 임신과 출산 문제가 벌어졌을 때 이에 대한 감정적 반응보다는 문제를 해결할 수 있는 방법과 선택의 범위를 제시할 수 있어야 한다. 배가 불러 오는데도 교복 아래 자신의 몸을 감추고 학교에 다니면서 스스로 아이 입양 절차를 알아보는 청소년의 모습은 시청자에게 현실적인 해결 방법에 대한 갈망을 느끼게 한다. 지금 이들에게 필요한 것은 교육이나 계몽이 아니라, 몸을 보호할 수 있는 도구, 임신한 몸을 누일 수 있는 실제적인 쉼터, 낙태와 출산을 선택할 수 있는 기회 같은 것들임을 말이다.

드라마 〈산부인과〉의 문제의식은 여기서 그치지 않는다. 산부인과의 사회적 역할은 성폭력 문제와도 연관되는데, 피해 정도의 진단에 의료적 소견이 중요하기 때문이다. 5화에서는 성폭력을 겪은 18세 가출 소녀가 등장한다. 부모 및 주변 남성들로부터 정신적·신체적 폭력에 시달려 온 피해자는 의사 앞에서 연신 "나는 아프지 않다. 나는 아픈 걸 모른다."고 되뇌며 자신의 고통을 부인한다. 소녀는 신체적 치료는 물론이고 정신과 상담 치료가 필요한 상황이면서도 질병에 걸렸다는 사실은 물론이고, 도움의 손길마저도 거부할 만큼 외부세계와 자신을 단절한 상황이다. 드라마에서는 이 여성의 고통은 일시적인 질병의 문제가 아니라, 사회적 인식의 변화가 이루어지지 않으면 영원히 완치되지 않을 고통이라는 점을 강조한다.

산부인과는 '모성'은 물론 '여성'을 보호해야 한다. 그러한 점은 드라마 〈산부인과〉 서사의 곳곳에 포진해 있다. 의료적 기능과 함께 사회적으로 어떠한 역할을 해야 하는지에 대한 고민을 통해, 산부인과의 역할에 대한 폭넓은 이해와 의료기관을 넘어 임신과 출산을 둘러싼 문제의 공동체적 인식의 필요성을 촉구하는 메시지를 담은 작품이다.

산부인과의 의학적 딜레마

산부인과는 출산을 통해 새로운 생명이 탄생하는 공간이면서, 한편으로는 출산 중 산모와 아이의 죽음이 언제든지 벌어질 수 있기에 '탄생과 죽음이 공존하는 공간'이기도 하다.

두 개의 생명을 다루는 산부인과는 필연적으로 산모와 아이 둘 중 어느 한 쪽을 선택해야 하는 딜레마에 빠지는 순간을 경험하게 된다. 〈산부인과〉 9화에 등장하는 임신부는 암이 완치된 후 여섯 번이나 임신에 실패하고 일곱 번 만에 성공하지만, 몇 년 전 발병했다가 치료한 암이 재발하는 상황에 처하고만다. 임신 상태로 항암 치료를 하면 아이가 기형이 될 수 있기 때문에, 담당 의사는 하루라도 빨리 낙태한 후 치료를 받으라고 권하지만 임신부는 치료 대신 아이를 선택하고자 한다. 이때 산부인과 의사는 임신부의 생명을 살리기 위해 아이를 포기하라고 설득하고, 임신부의 난임 시술을 도왔던 불임클리닉 의사는 출산을 원하는 임신부의 마음을 이해하는 입장에 서기도 한다.

이 외에도 2화에서 출산 중 산모의 목숨이 위태로운 상황이라 자궁 적출을 해야 하는데, 아직 대를 이을 아들을 낳지 못했다는 이유로 시부모와 남편이 반대하면서 벌어지는 촌극, 4화에서 임신부가 뇌사하여 태아가 출산이 가능한 23주가 될 때까지 배 속에 있어야 하는 상황에서 의료인과 환자, 환자 가족은 생명을 두고 선택해야 하는 상황에 직면한다.

이처럼 수많은 문제 상황에서 드라마 속 의료인들은 합리적인 판단을 하고 대안을 제시하는 역할을 한다. 하지만 과연 현실에서 이러한 상황을 마주했을 때, 의료인들은 항상 올바른 선택만을 할 수 있는가? 의료인들은 환자와 마주한 전문가이지만, 그 자신도 결정에 부담을 느끼는 인간으로서 판단의 중심에 산모를 두고 최선의 의료적 조치를 취하려 할 뿐이다. 올바른 선택에 대한 질문은 한편으로는 시청자를 향해 있기도 하다. 의료 지식을 바탕으로 합리적 선택을 독려하는 것은 의료인이지만,

결국 우리 모두가 환자와 환자 가족이 될 가능성을 지닌 존재기 때문이다.

유전적 변이를 보이는 태아를 받아들이는 태도

산부인과의 딜레마는 태아가 정상 범주에서 벗어난 유전적 변이를 보일 때에도 발생한다. 가장 널리 알려진 태아 기형의 사례는 다운증후군과 구순구개열일 것이다. 이 경우, 그 특징이 외적으로 두드러지나 태어난 후 교정될 여지가 충분하여 현재 많은 부모가 출산을 선택한다. 하지만 〈산부인과〉에서는 이를 '드라마적'으로 제시하려다 논란을 만들고야 말았다.

1화에서 서혜영의 첫 환자는 전치태반으로 제왕절개를 상담하러 왔다가, 태아가 다운증후군이라는 것을 알게 되면서, 서혜영에게 출산 수술 도중 아이를 죽게 해 달라고 부탁한다. 실은 그 임신부의 남동생이 다운증후군이었고, 시댁에 이러한 집안 병력을 숨긴 채 결혼했다는 설정이 덧붙여졌다. 결국 의사가 어떤 선택을 하기 전 산모는 '자궁 파열(uterine rupture)'로 인해 응급실에 실려 오고, 서혜영은 산모의 요구에 잠시 고민하지만, 아이를 살린다. 산모는 의사를 원망하지만 결국 태어난 아이를 받아들인다.

또한 7화에서는 구순구개열 태아의 장애 정도를 궁금해하는 부부가 등장한다. 입천장이 아닌 입술 주변만 장애가 있다면 성형으로 극복할 수 있다고 판단하여, 초음파로 아이의 장애 정도를 진단하고자 의사를 찾아온다. 하지만 어찌된 일인지 모니터에 비쳐진 태아는 끝까지 자신의 얼굴을 온전하게 보여주지 않는다. 태아의 기형 정도가 불확실한 상황에서 남편은 낙태를 바라고 아내는 낙태하기를 원치 않지만, 부부가 이러한 논쟁을 벌이던 중에 태아는 자궁 안에서 사망한다. 산모는 사산된 아이를 낳은 후 얼굴을 보고 싶어 하지만, 담당 의사는 산모의 트라우마를 걱정하여 보지 못하게 하고, 상황은 결국 산모의 자책감을 남기는 것으로 종료된다.

다운증후군이나 구순구개열을 가진 태아 임신은 어쩌면 누구에게나 일어날 수 있는 사건이다. 문제는 드라마에서 이 문제를 다루는 방식이다. 〈산부인과〉에서는 의학적인 근거가 없음에도 불구하고, 다운증후군이 유전적 요인이 원인인 것처럼 묘사하여 사회적인 편견이 가중되도록 부채질했다. 또한 구순구개열의 경우에도 외적인 문제 외에 다른 기능은 모두 정상이기 때문에, 의료계에서는 출산을 통해 수술로 교정하는 것을 권함에도 불구하고 기형의 비극만을 강조하여 태아 사망으로 전개함으로써 방영 당시 사회적 공분을 낳을 수밖에 없었다.

주인공인 서혜영 의사가 장애를 가진 아이를 살렸다는 이유로 산모가 "자식을 살려줬는데 왜 고맙지가 않죠?"라고 말하자 서혜영은 "우리 일은 누가 고마우라고 하는 일이 아닙니다."라고 답변하는 장면은 의미심장하다. 산부인과 의사는 부모의 편의에 맞게 출산을 돕는 존재가 아니다. 그들에게는 산모와 아이 두 생명을 살려야 할 의무가 우선시된다.

산모와 가족은 의사의 전문적인 소견을 필요로 하지만, 의사 역시 생명의 존속 유무를 판단하는 것이 결코 쉽지 않다. 기형인 상태로 출생한 아이의 삶의 질은 물론이고, 가족들이 평생 짊어질 고통도 가볍게 넘길 수 없기 때문이다. 산부인과의 의학적 딜레마의 드라마적 재현은 사실을 호도하였다는 한계를 남겼으나, 임신과 출산에서 벌어질 수 있는 어려움을 이해하고 아픔에 공감할 수 있는 대중적 장을 마련하였던 점은 긍정적으로 평가할 수 있다.

산모가 느끼는 병원 출산의 적나라한 현실

2020년 tvN을 통해 8회에 걸쳐 방영된 드라마 〈산후조리원〉은 산모가 출산 과정에서 느끼게 되는 당황스러운 경험과 신체의 변화, 출산 직후의 육아 문제 등 누구나 알고 싶어 하거나 겪었던 일이지만 제대로 거론하지 못했던 문제를 실감나게 그려내었다. 1화는 출산의 적나라한 상황 묘사로 출발한다. 주인공인 오현진은 대기업의 최연소 여성 상무지만 늦은 결혼과 임신으로 인해 40세가 넘은 나이에 출산을 겪게 된 산부인과 최고령 산모다. 그녀의 출산 과정은 '출산의 4단계'로 전개된다.

1기는 '굴욕기'로 관장과 제모가 이루어지는데, 모든 병원 출산에서 관장과 제모, 회음부 절개가 이루어지는 것은 아니며, 이는 의료인이 주도하는 분만을 위한 것이지 산모를 위한 출산 준비 과정은 아니라는 점은 잘 알려지지 않은 사실이다. 드라마에서는 그러한 세태를 은근히 꼬집는다.

2기는 통증이 시작되는 '짐승기'로, 3인의 남성 의사들이 연달아 산도 검사를 하는 과정에서 산모가 느끼는 당황스러운 감정이 묘사된다. 드라마에서 재현된 것처럼 단시간 동안 각각 다른 의사가 산모의 산도를 검사하는 경우는 극히 드물겠지만, 어쩌면 이것은 산모가 느끼는 감정에 초점을 맞춘 묘사일 것이다. 실제는 그렇지 않다고 하여도, 산모는 여러 의사가 와서 산도 검사를 하는 상황이 너무도 당황스럽기 때문에 짧은 시간 동안 여러 명의 의사가 검진한다고 느낄 수 있기 때문이다.

3기는 '무통천국기'로 무통 주사를 맞은 직후 잠시 안정을 찾아, 남편의 식사도 걱정할 정도의 여유가 생긴다. 하지만 이는 '무통 천국은 짧고 고통은 길다'는 말처럼 폭풍 전의 고요일 뿐이다. 결국 '대환장 파티기'로 명명된 4기에 들어서면 산모의 고통은 극심해지고, 출산을 돕기 위해 의사는 산모의 배를 밀기도 한다. 이때 출산 당사자의 심정은 저승사자가 눈에 보이는 "삶과 죽음의 경계"에 직면한 것으로 묘사된다.

문제는 '출산의 4단계'가 묘사되는 과정에서, 출산의 주체가 누구인가 질문하게 된다는 점이다. 현재 한국 사회의 보편적 출산 공간인 병원에서 출산의 주체는 산모가 아닌 의사다. 산모의 몸에 일어나는 사건을 결정할 수 있는 권력은 의사에게 있기에 산모는 무력감을 느끼며 의료인의 결정을 수용하는 것 외에 다른 선택을 하기가 상당히 어렵다. 이 작품에서 '출산의 4단계'는 다소 코믹하게 묘사되고 있다. 하지만 현실에서는 물론 허구의 의학드라마에서조차 병원 출산에 임한 산모의 입장은 고려되지 않는다는 점을 생각한다면, 산모가 느끼는 감정 묘사에 집중한 〈산후조리원〉의 시도는 고무적이라 할 수 있다.

엄마는 처음이라… 첫 육아의 현실과 산모의 심리적 고통

〈산후조리원〉은 2화부터 오현진이 본격적으로 산후조리원에 입성하여 겪는 시련을 그린다. 아이에게 적합한 젖꼭지를 구하거나 유모차를 선택하는 일, 좋은 보모 구하기 등 육아 초기 부모들에게 주어지는 과제가 그려지는데, 특히 '수유'를 중심으로 벌어지는 갈등이 인상 깊다. 갈등은 완분과 완모의 대결로 묘사된다. '완분'이란 산모가 '아이에게 처음부터 끝까지 분유를 먹이는 것'이고, '완모'는 '24개월 동안 모유를 수유하는 것'을 말한다. 드라마에서는 완모를 하는 여성이 좀 더 아이를 사랑하고 이상적인 어머니상으로 인식되는 사회적 시선을 다룬다. 하지만 모유 수유는 산모의 건강 상태나 상황에 따라 선택해야 하는 문제일 뿐이기에, 드라마의 의도는 모유를 하지 않는 엄마가 비난의 대상이 되는 현실을 꼬집는다.

아이에게 분유를 먹이는 것을 죄악시하는 것이 과연 온전히 아이를 위하는 일일까. 이 작품에서는 산모가 느끼는 모유 수유에 대한 부담감과 사회적 압박을 다소 과장함으로써 코믹하게 풀어낸다. 모유를 안 먹이면 문제가 생긴다는 몇 가지 괴담들- 아이가 아토피, 비염, 내성 발톱, 엠자형 탈모, 모태 솔로가 될 수 있다는 말도 안 되는 이야기들을 나열하는 장면에서는 웃음을 참을 수 없다. 하지만 이제 갓 '엄마'가 된 여성에게 이는 결코 웃어넘길 수만은 없는 소문들이다. 이러한 괴담의 존재는 엄마들에게 이미 정해진 선택을 강요하는 역할을 한다. 그 무엇도 주체적으로 선택할 수 없는 상황 속에서 오현진은 자신이 누구인지 모르겠다고 되뇌며 정체성에 혼란을 느낀다. 이런 장면을 재현하는 드라마의 의도는 어디까지나 엄마의 죄책감을 자극하는 사회적 편견을 비판하는 데 있다. 왜곡된 '모성 이데올로기'가 여성에게 일방적 책임을 강요하고 있음을 비판한 것이다.

'모성'과 '여성'의 딜레마

성 정체성이나 성 역할은 태생적으로 주어진 본질이라기보다 역사적, 사회적 맥락에 따라 규정된 사회 구성물이다. 2000년대까지 TV드라마에서 모성은 살림, 출산, 양육에 매진하는 전업주부형 어머니를 긍정적으로 묘사하고, 모성을 포기하는 어머니에게는 부정적 결과를 부여하였다. 하지만 2020년 작품인 〈산후조리원〉은 고정된 모성 담론에서 탈피하여, 출산이 여성의 신체에 주는 부정적 영향과 태어난 아이를 위해 무조건적으로 모성을 받아들여야 하는 여성 내면의 갈등을 드러내는 데 주력한다.

전통적으로 임신과 출산은 여성에서 어머니로 변모할 수 있는 일종의 통과의례로 인식되었다. 이 과정에서 여성은 신체적으로 살이 불어나거나 몸의 각 기관이 제 역할을 하지 못하게 되고, 때로는 정신적인 상흔이 남기도 한다. 드라마에서 유일한 전업주부이며 '이상적인 모성상'으로 묘사되는 조은정이라는 인물은 셋째를 낳은 후 요실금이 생겨 엘리베이터에서 실수를 하고 만다. 이를 감추기 위해 타인에게 실수를 뒤집어씌우는 조은정의 모습은 서글픈 산모의 초상이다.

4화에서는 국민여신으로 불리던 유명 여배우가 임신으로 '먹덧'을 경험하면서 체중이 35kg이나 불어 사람들 앞에 나서지 못한다. 그녀는 결혼하면 출연료가 낮아지는 현실을 토로하며, 변화된 몸 때문에 은퇴를 고민한다. 이는 비단 배우라는 직업만의 문제는 아닐 것이다. 주인공 오현진 역시 '출산은 곧 경력 단절'이라는 심리적 압박감을 갖고 있다. 다행히 남편이 아내 대신

태교 호흡법을 배우러 다닐 정도로 헌신적이지만, 그렇다고 그가 출산을 대신해 줄 수는 없다. 출산을 겪는 많은 여성은 자신이 다시 일터로 돌아갈 수 있을지, 육아와 일을 병행할 수 있을지 고민한다. 게다가 사회활동을 위해 출산 후 몸매 관리를 해야 한다는 '사회적 코르셋'에 갇힐 수밖에 없다.

무엇보다 여성에게 주어지는 가장 큰 관문은 모성의 수용 문제다. 출산 후 자신의 아이를 대면한 모든 엄마는 반드시 행복해야 하고, 넘치는 모성을 느껴야 한다면 산후우울증과 같은 질병은 애초에 성립되지 않을 것이다. 오현진은 출산 후의 자신을 '고장난 엄마, 꼰대 상사, 엉망인 와이프'라고 정의한다. 자신의 현실은 이러한데, 주변 사람들은 엄마가 됐다고 축하의 말을 건넨다. 모성을 여성의 본능으로 여기면서 여성의 몸은 어머니가 되기 위한 전제라는 생각을 강화하거나, 아기 중심적 사고로 인해 산모가 주변화 되는 문제는 지속되어 왔다. 모성에 대한 감상적인 찬양만 있을 뿐, 그에 대한 사회적·제도적 지원과 인정이 취약한 것이 현실이다.

이런 점에서 〈산후조리원〉의 마지막화인 8화 제목 '세상에서 제일 높은 것은 어머니 은혜'는 강요된 모성을 비꼬고 있다. 드라마에서 산모에게 던지는 질문들은 우리 사회에 소위 '이상적 모성'이 얼마나 고착되어 있는지 보여준다. '아이가 배가 아프다고 하면?'이라는 누군가의 질문에 '소아과에 가죠.'라 답해선 안 된다. 정답은 '엄마 손이 약손이잖아요!'이기 때문이다. 어머니의 헌신은 의료적 처치 없이도 질병도 낫게 한다. '아이를 눈에 넣으면?'이라는 질문에 '조금 아프겠죠.'라 상식적으로 대답하면, 우리 사회는 '아이를 눈에 넣는데 아프다뇨?'라 반문한다. 모성에 관한 넌센스적 질문과 답변이 오가는 가운데, 전통적 모성이 지속되어야 할 이유가 무엇인지 반문하게 된다.

'보편적' 모성을 내면화하지 못하고 기대와 다른 대답을 하는 주인공 오현진과 같은 엄마는 자격을 박탈해야 한다고 몰아세우는 사회라면, 그 사회의 고정된 젠더 담론은 영원히 해체되지 못한다. 여성 중심이 아닌, 아이와 가족 중심의 모성 담론은 여성이 자기모순에 빠지게 만드는 원인이다. 여성과 모성은 교체되어야 할 것이 아니라, 한 인간 안에 공존하여야 한다. 여성과 모성의 이상적 공존은 여성의 결정으로 가능한 문제라기보다는, 사회적인 차원에서 모성을 재정의하고 공감함으로써 실현될 수 있다.

부부가 함께 하는 육아의 중요성

출산은 어느 질병 못지않게 의료적으로 위급한 상황이 될 수도 있고, 때론 죽음을 염두에 두어야 할 만큼 위험하지만, 그럼에도 불구하고 많은 부부들은 출산을 '선택'하여 왔다. 이와 같은 관점에서 드라마 〈산후조리원〉에서는 출산으로 인해 여성이 당연히 엄마가 되는 것이 아니라, 자신의 삶을 뒤흔들만한 사건을 경험하면서 노력을 통해 변화하는 것이라 말한다.

출산 후 몸을 회복하는 데 도움을 주는 산후조리원은 저마다 사연을 가진 산모들이 모이는 공간이다. 워킹맘, 전업맘, 미혼모를 비롯하여 출산 중 아이를 잃은 산모에게도 산후조리는 필요하다. 이들은 엄마이기 이전에 각자 한 사람의 인간으로서 자신의 삶을 살아왔기에 그들에게 출산은 동일한 의미일 수 없으며, 육아도 이상적이라 여겨지는 한 가지 방식으로 일반화될 수 없다.

〈산후조리원〉에서는 가족 육아의 필요성을 주장한다. 이를 위해 출산과 육아를 위한 '남편-아빠'의 역할을 응축하여, 주인공 오현진의 남편 김도윤에게 투영하였다. 김도윤은 바쁜 아내를 대신해 출산 준비를 하고, 아내의 출산 과정 및 출산 후 산후조리원 입성에 동참한다. 이렇게 하여 출산 후 다소 예민해진 아내의 감정에 공감하려고 노력한다. 또한 네 명의 아이를 가진 베테랑 남편을 등장시키고 김도윤이 그의 수제자가 되어 출산한 아내를 위한 행동을 전수받는 장면에서 김도윤은 매우 진지하게 배우고 실천하려 한다. 이런 모습은 시청자에게 웃음을 주지만, 한편으로는 아내와 아이를 대하는 남편의 진실한 태도가 모종의 감동을 자아내기도 한다.

〈산후조리원〉은 출산을 둘러싼 문제를 아우르면서, 현대인이 공감할 수 있는 담론을 담아낸 작품이라 평가할 수 있다. 여성이 혼자 아이를 키우다가 남성을 만난 것이 아니라 임신과 출산을 남편과 함께 이뤄낸 것이기에, 부부가 아이와 함께 가정을 만들어가는 데에는 남성과 여성 모두의 노력이 필요하다.

다만 〈산후조리원〉이 이러한 기조를 보였기 때문에, 결말에서 '부모'가 아닌 '엄마'만이 아이 양육에 전념하지 못하는데 죄책감을 느끼는 장면으로 귀결된다는 점은 다소 아쉬움으로 남는다. 오현진의 남편은 드라마 내내 아내의 아픔에 공감하려는 태도를 보였으나, 작품 말미에서 '육아휴직'을 고민하는 역할은 아내에게만 부여되고, 남편은 이 문제에 어떠한 태도도 취하지 않았다. 육아휴직을 남편이 대신하려는 시도만이라도 보였

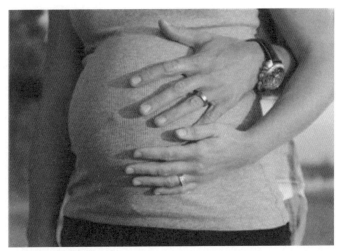

부부 공동 책임으로서의 임신과 출산, 육아

(https://pixabay.com/ko/photos/id-91-792742/)

다면, 양육은 여성만의 의무가 아니라 '부모의 일'이라는 관념이 보편화되어 가는 이 시대에 적합한 결말로 회자되었을 것이다.

진정한 부모가 되기 위한 원더윅스로서의 TV드라마

무엇보다 출산문화를 다룬 두 드라마는 관련 사건을 보여주기 식으로 나열하고 있는데, 이는 유사한 서사구조가 유사한 패턴으로 반복되는 구성이라 볼 수 있다. 산부인과에서는 위급한 산모가 등장하면 이를 의료인과 환자 가족, 또는 의료인들이 일정한 갈등을 거쳐 해결하고, 산후조리원에서는 산모와 가족 간 또는 산모들 간의 갈등을 거쳐 문제를 해소한다.

각각의 세부적인 내용은 다르겠지만 유사한 구조의 에피소드를 반복하는 구성은 TV드라마에서 자주 사용하는 방식으로, 등장인물 사이의 얽힌 관계, 반복된 이야기 등을 통해서 수용자에게 어떤 사건이나 주제를 파악하고 이해할 수 있는 전체적인 맥락을 제공하는 일종의 '두껍게 묘사하기(thick description)'의 기법이다. 이러한 구성은 시청자에게 상황을 익숙하게 느끼게 하고, 반복되는 사건이 말하고자 하는 주제에 자연스럽게 녹아들게 하는 효과를 갖는다. 출산의 문제는 누구나 직간접적으로 경험하였고 앞으로도 지속되어야 할 과제이기에, 문제의식을 공유하는 것은 더 나은 미래를 위해 필요한 과정이다.

생후 1년 미만의 시기에 아이가 급격히 성장하기 위해 보채고 많이 먹는 시기를 '원더윅스(Wonder weeks)'라 한다. 태어난 아이가 세상에 적응해가는 과정이라 볼 수 있는데, 많은 부모들이 이 기간에 육아의 어려움을 경험하면서 자신들도 변화하게 된다. 결국 아이뿐만 아니라 부모 역시 부모로서의 자신의 위치를 깨닫고 적응할 수 있도록 '부모의 원더윅스', 부모로 성장하는 시간이 필요할 것이다. 드라마 〈산부인과〉와 〈산후조리원〉은 출산과 육아를 경험하는 부모들에게, 나아가 모든 시청자에게 출산의 중요성에 공감하고 인식의 변화를 촉구하여 사회가 함께 성장해나가는 일종의 '시청자의 원더윅스'를 제공하는 효과를 갖는 것이 아닐까 한다.

질문의 서사를 통한 공감과 위로 전달

〈산부인과〉와 〈산후조리원〉은 유사한 경험을 공유한 사람들에게 '당신의 출산은 어땠나요?'라 묻고 있다. 누군가 나의 고통을 공론화해 주었을 때, 나 역시 나의 고통을 입 밖으로 낼 수 있게 되고 그 후에 스스로를 해방시킬 수 있다. 그래서 가장 대중적인 매체인 텔레비전 드라마를 통한 이와 같은 질문은 누군가에게는 큰 위로가 될 수 있다. 개인적 차원에서뿐만 아니라, 저출생 문제의 해결과 더 나은 육아 환경을 만들어야 하는 우리 사회에 '출산에서 무엇이 문제인가'를 제기하는 두 작품의 존재는 출산을 둘러싼 문제를 재확인하고, 이 분야에 새로운 논의가 필요하다는 화두를 던지고 있다.

과거 전통 출산 의례에서 주체는 여성이었다. 잉태와 출산의 주체가 부부임에도 불구하고 출산 의례는 여성 중심의 의례로 한정되었는데, 문제는 그 결과에 대한 책임도 여성에게 부여되었다는 점이다. 하지만 〈산후조리원〉에서는 전통 출산 의례와는 다른 의미로 여성을 지목한다. 여성이 출산과 관련된 문제에서 '선택'의 중심이 되기를 바라는 것이다. 출산의 주체는 여성이어야 한다. 출산은 여성의 감정이 중요시되어야 하기에, 선택의 딜레마에 빠졌을 때 아기보다 여성을 우선시해도 된다는 드라마의 답변은 그 메시지만으로도 위로가 된다.

이는 〈산부인과〉에서도 마찬가지다. 〈산부인과〉는 출산이 삶과 죽음의 기로에 선 문제라는 점을 부각하여 이를 경험한 여성들에게는 공감을, 경험하지 못한 이들에게는 간접 경험의 기회와 수많은 준비가 필요한 과정임을 인식하는 계기가 되었다. '산모와 아이가 모두 생명이 위험할 때 어떤 선택을 해야 하는 가'라는 산부인과의 딜레마에서 십중팔구 우선시 되는 것은 '산모'라는 의료적 견해를 드라마에 재현하면서, 병원 출산으로 주체의 자리에서 밀려난 여성들이지만 여전히 이 문제에서 여성이 가장 존중받아야 할 존재라는 점이 분명하다는 사실을 확인하기도 하였다.

1980년대에 보편화되기 시작한 병원 출산의 지배적 기조에서 벗어나, 출산의 주체는 산모이며 산모의 선택은 존중받아야 한다고 대중매체에서 이야기하게 되기까지 30~40년이 걸렸다. 최종적으로 두 드라마는 시청자에게 묻는다. 출산의 문제에서 '당신은 어떤 선택을 하였는가' 또는 '어떤 선택을 할 것인가?'라고 말이다. 이제 텔레비전 드라마에서 이러한 질문이 이루어질 수 있다는 것만으로도 맹목적인 모성이 아니라, 여성과 산모를 위하는 모성의 선택이 가능한 시대가 시작되었다는 희망을 갖게 된다.

백 년 전 임산부들은 어떤 고민을 했을까? / 박윤재

최은경 외, 「신문 상담란 "지상 병원"을 중심으로 본 1930년대 식민지 조선 대중들의 신체 인식과 의학 지식 수용」, 『한국과학사학회지』 37(1), 한국과학사학회, 2015.
최은경, 「조선일보 의학상담코너 「가정의학」에서 드러난 1930년대 의학 지식의 특징」, 『역사연구』 35, 역사학연구소, 2018.

관습과 싸우는 새로운 출산법, 여성들의 선택 / 장수지

新中國婦女社, 『新中國婦女』(月刊), 1951-1955.
中國婦女社, 『中國婦女』(月刊), 1956-1958.
上海市民主婦女聯合會 現代婦女社, 『現代婦女』, 1950-1951.
강유위 지음, 이성애 옮김, 『대동서』, 을유문화사, 2006.
윤혜영·천성림 지음, 『중국 근현대 여성사』, 서해문집, 2016.
유연실, 「노동과 출산의 이중변주: 1950년대 중국의 출산정책과 여성」, 『중국근현대사연구』 60집, 2013.
유연실, 「중화인민공화국 건국 초기(1949~1958) 인구정책의 변화」, 『중국사연구』 제89집, 2014.
이선이, 「전후 한국과 중국의 인구정책과 여성」, 『여성과 역사』 7권, 2007.
장수지, 「중국의 계획생육 초창기 여성의 자기결정권 담론의 형성: 1950년대 후

반 『중국부녀』의 논의를 중심으로」, 『한국여성학』 제37권 1호, 2021.

徐程, 何欢, 黄志勇, 臧文斌, 谢鹏鑫 著, 『新中国卫生健康制度变迁』, 西南财经大学出版社, 2019.

冯静静, 「中华人民共和国建国初期登封县的妇幼保健事业(1949-1963)」, 『河北北方学院学报(社会科学版)』 36(01), 2020.

王娇娇, 「北京市儿童保育工作研究(1949-1957)」, 河北大学硕士学位论文, 2017.

刘丽平, 「建国初四川地区妇幼卫生事业概述(1949-1955)」, 『重庆交通大学学报(社会科学版)』 16(02), 2016.

刘燕花, 「新中国成立初期西安市妇幼保健事业研究(1950-1959)」, 西北大学硕士学位论文, 2019.

小濱正子, 「中華人民共和國初期の上海における人口政策と生殖コントロールの普及」, 『中國近現代における母子衛生政策の研究』, 平城14-7年度科學研究費補助金基盤研究(C)(2)研究成果報告書, 2006.

小濱正子, 「計劃生育的開端-1950-1960年代上海」, 『中央研究院近代史研究所集刊』 第68期, 2010.

若林敬子, 『中國の人口問題と社會的現實』, ミネルバ書房, 2005.

공공연한 비밀 / 신지혜

영아/모성 사망, e-나라지표, https://www.index.go.kr/potal/main/EachDtlPageDetail.do?idx_cd=2769.

"3. Hays's Movie Code (1934)", F. J. Sicius et al., eds. (2002), *Daily Life Through American History in Primary Documents*, Vol. 3, Santa Barbara, CA: Greenwood.

Bailey, J., "'Gone With the Wind' Returns to HBO Max With a Few Additions", *The New York Times*, 2020.6.25. https://www.nytimes.com/2020/06/25/movies/gone-with-the-wind-hbo-max.html.

Daily Script, http://www.dailyscript.com/scripts/Gone_With_the_Wind.pdf

Flannery, M. A. (2018), ""Death, Lice, and Men Chopped Up": Medicine and the *Making of Gone With the Wind*", *The Southern Quarterly*, Volume 55.

Haskell, M. (2009), *Frankly, My Dear:* Gone With the Wind *Revisited*, New Haven: Yale University Press, 2009.

Jones-Rogers, S. (2019), *They Were Her Property: White Women as Slave Owners in the American South*, New Haven: Yale University Press.

Morrison, S. M., & E. Fee (2010), "Nothing to Work With but Cleanliness: The Training of African American Traditional Midwives in the South", *American Journal of Public Health*, Volume 100.

"Pregnancy Mortality Surveillance System", Reproductive Health, Centers for Disease Control and Prevention, https://www.cdc.gov/reproductivehealth/maternal-mortality/pregnancy-mortality-surveillance-system.htm.

Rich, M., "Rhett, Scarlett and Friends Prepare for Yet Another Encore", *The New York Times*, 2007.5.16. https://www.nytimes.com/2007/05/16/books/16book.html.

Silber, N. (2018), *This War Ain't Over: Fighting the Civil War in New Deal America*, Chapel Hill: University of North Carolina Press.

Steinmetz, K., "It's Time to Rethink the Demeaning Ways We Describe Pregnancy", *Time*, 2019.5.11. https://time.com/5587321/knocked-up-pregnant-synonyms/.

Terrell, E. (2020), "Honoring African American Contributions in Medicine: Midwives", Inside Adams: Science, Technology & Business, Library of Congress. https://blogs.loc.gov/inside_adams/2020/06/honoring-african-american-contributions-in-medicine-midwives/.

Tunc, T. E. (2010), "The Mistress, the Midwife, and the Medical Doctor: Pregnancy and Childbirth on the Plantations of the Antebellum American

South, 1800-1860", *Women's History Review*, Volume 19.

고통은 통증과 다르다 / 김현수

박병춘, 『배려 윤리와 도덕 교육』, 울력, 2010.

Aristotle, Roger Crisp tr. and ed., *Nicomachean Ethics*, Cambridge University Press, 2000.

Pellegrino, E. D., Engelhardt, H. T., Jr. and Jotterand F. ed., *The philosophy of medicine reborn: a Pellegrino reader*, University of Notre Dame Press, 2008.

우리 모두를 위한 '원더 윅스(Wonder Weeks)' / 염원희

구은정, 「저출산에 대한 인식지평 확장: 사적이고 친밀한 영역에서 향유하는/할 수 있는 가치」, 『여성연구』 100(1), 한국여성정책연구원, 2009.

김은실, 「출산문화와 여성」, 『한국여성학』 12(2), 한국여성학회, 1996.

조영미, 「한국 출산의 의료화 과정(1960-2000): 의료, 국가, 여성을 중심으로」, 『여성건강』 제7권 1호, 대한여성건강학회, 2006.

정연보, 「출산문화담론에 나타난 자연 개념과 젠더」, 『여성과 사회』 15, 한국여성연구소, 2004.

한양명, 「한국 産俗의 체계적 이해를 위한 시론」, 『비교민속학』 16, 비교민속학회, 1999.

집필자 소개

김현수: 경희대학교 인문학연구원 HK+통합의료인문학연구단 HK연구교수. 도가철학 전공으로 노자와 장자의 철학을 중심으로 연구하였다. 최근에는 의철학 관련 연구를 수행하고 있다. 『코로나 데카메론1, 2』(공저), 「펠레그리노를 통해 본 의료인문학」, 「고통받는 환자의 온전성 위협과 연민의 덕」 등 다수의 논문이 있다.

박윤재: 경희대학교 사학과 교수로 한국근현대사를 가르치고, 연구는 의료사에 집중하고 있다. 경희대학교 인문학연구원 HK+통합의료인문학연구단 단장으로 일하고 있다. 저서로 『한국 근대의학의 기원』, 『한국현대의료사』가 있다.

신지혜: 경희대학교 인문학연구원 HK+통합의료인문학연구단 전 HK연구교수. 현재 전남대학교 역사교육과 조교수로 미국 뉴저지 주립대학에서 역사학 박사학위를 받았으며, 현재 이민과 질병의 역사를 연구하고 있다. 주요 논문으로는 「미국 국경에서의 정신병」, 「20세기 초 엘리스 섬의 이민 아동과 질병」 등이 있다.

염원희: 경희대학교 인문학연구원 HK+통합의료인문학연구단 HK연구교수이며, 고전문학 전공으로 무가(巫歌)에 담긴 한국인의 심성과 생태주의적 의미를 연구하였고, 관련 논문과 저서를 집필하였다. 최근에는 한국 민속문화에서 출산의례를 재해석하는 연구를 수행하고 있다.

장수지: 이화여자대학교 사학과 BK연구교수로 연세대학교에서 논문 「사회주의 중국 여성해방의 출발점, 탁아소」로 박사학위를 받았고, 중국의 사회주의 시기 여성에 관한 연구를 하고 있다. 주요 논문으로 「중국의 계획생육 초창기 여성의 자기결정권 담론의 형성: 1950년대 후반 『중국부녀』의 논의를 중심으로」, 「일하는 어머니의 조력자, 보육교사」가 있다.

경희대학교 인문학연구원 / HK+통합의료인문학연구단 / 통합의료인문학문고04

출산, 대중매체를 만나다

등록 1994.7.1 제1-1071
1쇄 발행 2022년 1월 25일

기 획 경희대학교 인문학연구원 HK+통합의료인문학연구단
지은이 김현수 박윤재 신지혜 염원희 장수지
펴낸이 박길수
편집장 소경희
편 집 조영준
관 리 위현정
디자인 이주향
펴낸곳 도서출판 모시는사람들
       03147 서울시 종로구 삼일대로 457(경운동 수운회관) 1207호
전 화 02-735-7173, 02-737-7173 / 팩스 02-730-7173

인 쇄 (주)성광인쇄(031-942-4814)
배 본 문화유통북스(031-937-6100)
홈페이지 http://www.mosinsaram.com/

값은 뒤표지에 있습니다.
ISBN   979-11-6629-092-3   04000
세트   979-11-88765-98-0   04000

이 저서는 2019년 대한민국 교육부와 한국연구재단의 지원을 받아 수행된
연구임(NRF-2019S1A6A3A04058286).